개정판

구글 이노베이터가 쉽게 알려주는
캔바로 크리에이터 및 N잡러 되기

김현주·전효진 공저

(주)광문각출판미디어
www.kwangmoonkag.co.kr

<u>머리말</u>

저자는 지난 20년간 고등학교에서 영어를 가르쳤다. 수능 영어 위주로 가르치다 보니 자료의 디자인이나 구성보다는 내용에 집중을 하던 시기였다. 늦은 나이에 중학교로 발령을 받은 후 발랄하고 영어 공부에는 관심이 없는 중학생들을 가르치기가 정말 어려웠다. 무엇보다 가장 힘들었던 것은 수업 자료를 만드는 것이었다. 학생들의 호기심과 관심, 흥미를 불러일으켜야 하는 이미지나 프레젠테이션 자료를 만들어야 했지만, 저자는 파워포인트도 잘 다룰 줄 몰랐다. 주위의 동료들에게 물어보거나 책까지 사서 파워포인트를 배우려고 했지만 어려웠다.

그러던 중 캔바를 알게 되었다. 캔바는 사용법이 정말 쉬웠다. 템플릿을 선택해서 내용만 입력하면 끝이었다. 게다가 예쁘고 다양한 주제의 템플릿이 많았다. 특히 영어 교과는 발렌타인, 핼러윈, 부활절, 크리스마스 등 영국이나 미국의 절기별 행사나 문화가 많이 나온다. 개인적인 노력이나 별도의 고민 없이 캔바의 템플릿만으로도 이 모든 행사의 수업 준비를 다 할 수 있었다. 이것을 시작으로 점차 자신감을 얻게 되어 요소를 추가하고, 다양한 캔바의 기능들을 사용해 보면서 업무에까지 범위를 넓히게 되었다.

어느 순간 동료들과 학생들로부터 나의 프레젠테이션 자료가 예쁘고 학생들의 수준과 흥미에 딱 맞다고 칭찬하며 무슨 도구를 사용하는지 물어 오는 경우가 늘어나기 시작했다. 처음에는 믿기지 않았다. 프레젠테이션과 디자인 도구에 완전 초보였던 내가 프레젠테이션 도구의 달인이라는 말까지 들으니 말이다. 이제는 캔바에 관한 유튜브 영상도 많이 제작하고 각종 연수와 강의도 나갈 정도가 되었다.

캔바의 가장 좋은 점은 쉬운 사용법 및 다양한 템플릿과 기능이다. 템플릿이 많다 보니 사용법이 쉽다. 그리고 캔바는 계속적으로 업데이트가 되어 현재까지 ChatGPT나 DALL-E 2와 같은 기능 등 10가지가 넘는 인공지능 도구를 탑재했다. 또한 캔바의 세계관이 좋다. 2022년 이태원 핼러윈 참사 때 몇 달간 캔바 첫 화면에 한국의 희생자들을 애도하는 문구가 게재되었다. 캔바는 튀르키예와 시리아 지진이 났을 때도 수익금 일부를 기부하겠다고 발표했다. 어린 아이들의 캔바 사용에 대해서도 계속적으로 고민하며 연령 및 사용 제한 등을 수시로 업데이트하고 있다.

이 책은 일반인들을 위한 캔바의 기본 입문서이다. 이 책을 통해서 나처럼 프레젠테이션과 디자인을 전혀 못 하던 사람이 자신감을 얻거나, 어떤 이에게는 N잡러로서 디자인 관련 일을 시작하는 발판이 되길 바란다. 또한 SNS에서 개성 있는 크리에이터가 되고 시대와 발맞추어 나가는 메타버스 빌더와 인공지능 사용자가 되길 바란다. 교사에게는 알파 세대 학생들과의 수업으로 안내하는 좋은 가이드가 될 것이다.

전효진 선생님과 함께 책을 쓸 수 있어서 영광이며 큰 기쁨이었다. 몇 년간 구글 트레이너와 구글 이노베이터, GEG 리더와 교사로서 그녀의 활동을 꾸준히 지켜보았다. 뛰어난 실력과 변함없는 성실함, 훌륭한 인품의 소유자이다. 함께 책을 쓰며 든든했고 행복했으며 많이 배웠다. 앞으로도 전효진 선생님과 함께 훌륭한 책들을 쓰고 싶다.

책을 출판하는 데 도움을 주신 출판사 여러분들께 감사드린다. 개인적으로 인생의 첫 책을 쓸 수 있도록 허락하신 하나님께 최고의 감사를 드리며 나의 사랑하는 남편과, 예은, 기찬, 그리고 천국에 계신 친정 아버지께 감사를 전한다.

저자 김현주

목차

CHAPTER 3

콘텐츠 크리에이터 되기

CHAPTER 4

N잡러 되기

CHAPTER 5

프레젠테이션 전문가 되기

CHAPTER 6

SNS 인플루언서 되기

CHAPTER 7

AI를 비서처럼, 메타버스를 내 손으로 빌딩하기

CHAPTER 8

학교 수업에서 두 배로 활용하기

1

캔바, 넌 누구니?

01. 캔바란?

캔바는 2013년 오스트레일리아에서 만들어진 온라인 그래픽 디자인 도구이다. 사용자에게 템플릿을 제공하여 프레젠테이션이나 포스터, 문서 등을 제작할 수 있도록 도움을 제공한다. 2021년에는 영상 제작 및 편집 기능, 2022년 11월에는 이미지 생성 AI 기능까지 추가되었다. 클라우드 기반의 도구이므로 제작된 콘텐츠를 따로 저장할 필요가 없으며, 링크를 통해 쉽고 간편하게 공유하거나 편집 권한을 부여할 수 있다. PC는 브라우저 환경(크롬, 사파리 등)

[그림 1-1] 캔바 로고

이나 데스크톱 앱으로, 모바일은 캔바 앱(안드로이드, iOS 모두 가능)이나 브라우저 앱에서 사이트 주소로 접속하여 사용할 수 있다.

전 세계적인 온라인 그래픽 디자인 도구 중 하나로 주목받는 캔바는 어도비나 피그마 등과 함께 어깨를 나란히 하고 있다. 특히 2022년 9월 15일 어도비가 피그마 인수를 발표하면서, 이제 어도비의 유일한 경쟁사로 캔바가 언급될 만큼 강력한 도구가 되었다. 어도비가 디자인을 전문적으로 다루는 이들에게 적합하다면, 캔바는 접근성이 높고 사용 방법이 쉬워서 일반 대중들도 어렵지 않게 사용할 수 있다는 장점이 있다.

02. 무료 vs 유료

캔바는 무료로 가입해도 충분히 원하는 서비스를 모두 이용할 수 있다. 그러나 유료로 사용할 경우 훨씬 더 풍성한 디자인을 만들 수 있다. 캔바를 무료와 유료로 사용할 때 어떤 차이가 있는지 알아보자.

2-1 무료 버전

캔바에 처음 회원 가입을 하면, 첫 화면 왼쪽 로고 아래쪽에 내 계정의 프로필과 함께 '무료'라는 문구를 확인할 수 있다. 또한 'Canva Pro 사용해 보기' 메뉴와 함께 유료 버전에서만 사용할 수 있는 기능은 노란색 왕관 모양이 표시됨을 확인할 수 있다. 캔바 무료 버전으로 다음과 같은 기능을 사용할 수 있다.

❶ 25만 개 이상의 무료 템플릿(매일 새로운 템플릿이 추가됨)
❷ 프레젠테이션 자료, SNS 게시물, 포스터, 명함, 로고, 뉴스레터, 동영상 등 100 가지 이상의 디자인 유형
❸ 무료로 사용할 수 있는 100만 개 이상의 사진과 그래픽 소재
❹ PDF, JPG, PNG, MP4, GIF 등 용도에 맞는 형식의 파일 다운로드 가능
❺ 팀으로 멤버 초대
❻ 팀에서 디자인 공동 편집(실시간 협업 및 댓글 교환)
❼ 5GB의 클라우드 스토리지

[그림 1-2] 캔바 무료 버전 첫 화면

2-2 유료 버전(캔바 프로)

캔바의 유료 버전인 캔바 프로는 무료 계정에서 사용할 수 있는 서비스에 더해 다음과 같은 추가 기능을 사용할 수 있다.

❶ 1억 개 이상의 프리미엄 사진, 동영상 및 요소, 3,000개 이상의 프리미엄 글꼴
❷ 61만 개 이상의 무료/프리미엄 템플릿(매일 새로운 템플릿이 추가됨)
❸ 브랜드나 캠페인의 색상, 로고, 글꼴을 간편하게 저장하고 적용할 수 있는 브랜드 키트(최대 100개)
❹ 배경 제거 기능으로 즉시 이미지 배경 제거(누끼 따기)
❺ 자동 크기 조정 기능으로 횟수 제한 없이 디자인 크기 조정
❻ 디자인을 팀이 사용할 수 있는 템플릿으로 저장(팀에서 만든 디자인을 저장하고 함께 관리)
❼ 인스타그램, 트위터 등 다양한 플랫폼으로 소셜미디어 콘텐츠 게시 일정 예약
❽ 콘텐츠 플래너 및 프리미엄 애니메이션과 같은 시간을 절약해 주는 프리미엄 기능
❾ 1TB의 클라우드 스토리지

(출처: https://www.canva.com/ko_kr/learn/copyright/)

교육기관 종사자의 경우 재직 증명서를 첨부하면 무료로 업그레이드할 수 있으며, 캔바 첫 화면 왼쪽 상단에 있는 팀명 아래쪽에 '교육용'이라는 문구를 확인할 수 있다.

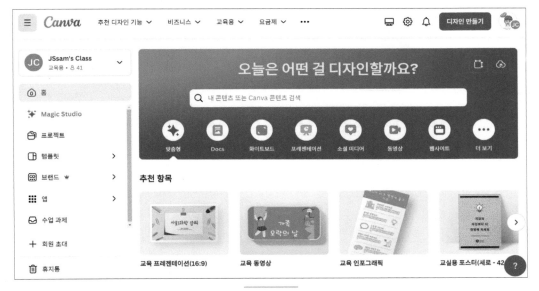

[그림 1-3] 유료로 업그레이드된 교육용 프로 계정 첫 화면

캔바 프로는 일반 사용자들에게도 30일간의 무료 체험 기간을 제공하고 있다. 'Canva Pro 사용해 보기' 메뉴를 이용하여 다음과 같이 결제 관련 정보를 입력하면 30일 동안 무료로 프로 버전을 사용할 수 있다. 무료 체험 기간이 끝나면 자동으로 금액이 결제되며, 무료 체험 기간 내에 언제든지 정기 결제 구독을 취소할 수 있다.

[그림 1-4] Canva Pro 사용해 보기 첫 화면

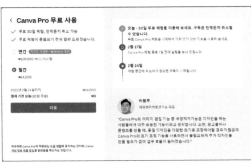

[그림 1-5] 구독 기간 선택하기

[그림 1-6] 카드 번호 등 결제 정보 입력

[그림 1-7] 설정 - 청구 및 요금제 - 체험 취소

　　무료 체험 기간 동안 첫 화면 왼쪽 상단의 개인 아래쪽에 무료 대신 'Pro'로 문구가 바뀌었음을 확인할 수 있다.

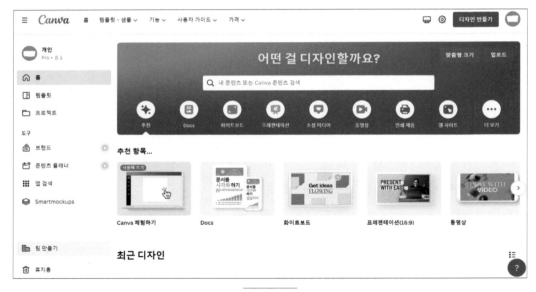

[그림 1-8] 캔바 유료 버전 첫 화면

03. 캔바 vs 미리캔버스

　우리나라에서는 캔바와 같은 기능을 제공하는 사이트로 미리캔버스가 더 많이 알려져 있다. 그러나 캔바는 이미 코로나19 이전부터 다양한 서비스로 전 세계에서 사용되고 있으며, 교육기관 종사자에게는 교육용 프로 버전으로 무료 업그레이드를 해주는 등 매력적인 요소가 훨씬 더 많다. 또한 캔바는 'Magic Media'와 'Magic Write'와 같은 뛰어난 AI 도구들을 계속적으로 업데이트하고 있다. 구글 지도, GIPHY, 유튜브, Pexels, Pixabay, Bitmoji 등의 뛰어난 타사의 플랫폼들이 플러그인되어 캔바에서 바로 쓸 수 있고, 이러한 도구들과의 협약을 계속 늘리고 있다. 특히 저자는 구글 공인 혁신가로서 전 세계의 혁신가들과 함께 온라인 아카데미에 참여하기도 했는데, 단순히 발표 슬라이드 템플릿이나 썸네일 제작에서 한 단계 더 나아가 제품 제작에 필요한 브레인스토밍 및 온라인 프로토타입 제작까지 세계 각국에서 다양한 방법으로 사용되는 것을 볼 수 있었다.

　아래의 표를 참고하면 사용 의도와 목적에 따라 알맞은 도구를 선택하는 데 도움이 될 것이다.

	캔바	미리캔버스
웹사이트 주소	canva.com	miricanvas.com
로그인 방법	애플/구글/페이스북/마이크로소프트/Clever 계정 연동, 이메일/모바일 로그인	카카오/네이버 계정, 이메일, 구글/페이스북 계정, 웨일 스페이스, 애플 ID 연동

유료 서비스 가격 정책	프로 버전 연 129,000원 (교육기관에서는 무료로 업그레이드 가능)	프로 버전 연 160,800원
무료 체험 제공 기간	30일	30일
협업 여부	실시간 협업 가능	제한적으로 협업 가능
결과물 다운로드	JPG, PNG, PDF, SVG, MP4, GIF, PPT	JPG, PNG, PDF, PPT(베타), MP4(베타), GIF(베타)
공유	인스타그램, 페이스북, 트위터 등 직접 공유 가능	웹 게시(링크의 형태)
모바일 환경	캔바 앱(안드로이드, iOS)	미리캔버스 앱(안드로이드, iOS)
디자인 제작 참여	캔바 크리에이터 프로그램을 통해 템플릿/요소/전문 크리에이터로 활동 가능	디자인허브를 통해 디자인 요소 제작 및 수익 창출 가능
기타	구글 드라이브나 구글 포토, 생성형 AI 기술을 접목한 D-ID 등 다양한 앱과 연동하여 사용 가능, 지속적인 업데이트	인쇄 업체 연결을 통한 다양한 요청 및 인쇄 가능 (비즈하우스)

04. 모바일에서 사용하기

　캔바는 모바일에서도 사용할 수 있는 애플리케이션이 개발되어 있다. 태블릿에서 사용할 경우 앱 화면 구성이 PC와 동일하여 사용하는 데 큰 어려움은 없다.

4-1 안드로이드

　운영체제가 안드로이드 기반 모바일 기기인 경우 구글 플레이스토어에서 한글로 캔바, 또는 영어로 Canva라고 입력하면 앱을 설치하여 사용할 수 있다.

[그림 1-9] 구글 플레이스토어 캔바 앱 다운로드

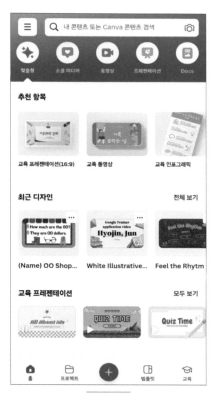

[그림 1-10] 안드로이드용 캔바 앱 로그인 후 첫 화면

4-2 iOS

운영체제가 iOS 기반인 아이폰이나 아이패드인 경우 앱스토어에서 한글로 캔바, 또는
영어로 Canva라고 입력하면 앱을 설치하여 사용할 수 있다.

[그림 1-11] 앱스토어 캔바 앱 다운로드

[그림 1-12] iOS용 캔바 앱 로그인 후 첫 화면

05. 저작권

캔바는 사용자 가이드를 통해 캔바로 만든 콘텐츠의 저작권에 대해 자세하게 안내하고 있다. 특히 상업적인 용도로 사용하는 경우 저작권 분쟁이 발생할 수 있으므로 콘텐츠의 의도와 목적에 따라 관련 내용을 잘 숙지할 필요가 있다.

5-1　상업적 이용 가능 여부

캔바로 만든 디자인은 무료나 유료 버전에 상관없이 상업적으로 이용 가능하며, 별도의 출처를 표시하지 않아도 된다. 상업적으로 이용할 수 있는 경우의 구체적인 예시는 다음과 같다.

❶ 홈페이지에 게재
❷ SNS 게시물에 사용
❸ 마케팅 자료(광고, 영업 자료 등)에 사용
❹ 캔바로 만든 디자인이 들어간 상품 판매
❺ 주문 인쇄(Print on Demand) 사이트에 캔바에서 직접 제작한 디자인 업로드

5-2 상업적으로 이용할 수 없는 경우

캔바로 만든 콘텐츠라 하더라도 상업적으로 이용할 수 없는 경우는 다음과 같다.

디자인 콘텐츠 원본 사용

캔바에서 제공하는 각종 템플릿이나 디자인 요소를 수정하지 않고 원본 그대로 다운로드하여 인쇄, 판매하는 것은 허용되지 않는다. 템플릿에 포함된 텍스트나 색상, 배경 등을 변경하거나 다양한 요소를 추가하는 등 디자인을 간단히 바꾸는 것만으로도 상업적 이용이 가능하다.

로고 상표 등록

캔바는 로고를 손쉽게 만들 수 있도록 유·무료 템플릿을 제공하고 있다. 그러나 캔바에서 제공하는 템플릿을 활용하여 만든 로고는 상표 등록을 할 수 없다. 템플릿은 캔바 이용자 누구나 사용할 수 있으므로 비슷한 디자인이 나올 수 있어 독점권을 주장할 수 없기 때문이다. 만약 사용자가 상표로 등록할 수 있는 로고를 직접 만들고 싶다면 캔바에 있는 기본 선과 도형, 글꼴을 활용하여 디자인을 독창적으로 제작해야 한다.

5-3 오디오 사용 시 주의할 점

캔바에는 디자인 콘텐츠뿐만 아니라 배경음악과 같은 오디오 요소도 제공하고 있다. 캔바에서 직접 제작한 영상에 배경음악을 삽입하여 유튜브에 탑재하거나, 온라인 광고 시에도 자유롭게 사용 가능하다. 그러나 다음과 같은 경우 문제가 발생할 수 있으므로 주의해야 한다.

특정 방식의 광고에 오디오 사용

TV, 영화, 라디오 팟캐스트, 전광판 광고 등 기존 미디어 광고나 유료 채널의 광고에는 캔바에서 제공하는 유·무료 오디오 요소를 사용할 수 없다.

여러 영상에 동일한 오디오 사용

만약 무료 계정으로 동영상을 여러 개 만들어 동일한 프리미엄 오디오를 추가한 경우, 각 영상마다 오디오를 따로 구매하여 라이선스를 취득해야 한다.

캔바와 다른 소셜 계정 사용

각종 콘텐츠를 원하는 곳에 업로드할 때는 캔바 계정에 연결된 소셜 계정을 사용해야 한다. 특히 오디오를 많이 사용하는 유튜브의 경우 캔바와 연결된 계정만 '인증된 라이선스 소유자'로 인식하며, 무료 계정인 경우 소셜미디어 플랫폼당 하나의 계정만 연결할 수 있다. 계정을 연결하는 방법은 오른쪽 상단 공유 - 다운로드 - 소셜 계정 연결 - YouTube 연결을 선택한다.

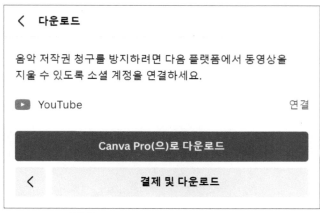

[그림 1-13] 유튜브 계정 연결

(출처: https://www.canva.com/help/content-id-claim)

2

캔바 무작정 따라 하기

01. 템플릿

캔바의 가장 기본적인 기능은 제작자의 의도와 목적에 맞는 자료를 손쉽게 만들기 위한 템플릿을 제공하는 것이다. 캔바 로그인 후 첫 화면에서 검색창을 통해 원하는 템플릿을 찾을 수 있고, 왼쪽 메뉴 바에서 템플릿을 선택한 후 원하는 디자인을 고를 수도 있다.

[그림 2-1] 캔바 첫 화면 검색창 활용

[그림 2-2] 템플릿 - 모든 템플릿에서 원하는 분야 검색 또는 주제 선택

캔바는 템플릿뿐만 아니라 그래픽 작업에 필요한 수백만 장의 유·무료 사진과 각종 아이콘을 제공하고 있다. 또한 브랜드 메뉴(유료 기능)를 통해 자신의 콘텐츠에서 색상과 글꼴, 로고 등의 일관성을 유지할 수 있으며, 브랜드 템플릿을 직접 제작할 수 있다.

사용할 템플릿을 선택했다면 편집기에서 내가 원하는 디자인으로 세부 내용을 바꾸어 보자.

02. 디자인

    템플릿은 썸네일이나 배너처럼 하나의 이미지인 경우도 있고, 프레젠테이션처럼 일관된 스타일을 가진 여러 종류의 페이지를 하나의 세트로 제공하는 경우도 있다. 템플릿을 고른 후에도 레이아웃이나 스타일 등의 기능을 활용하여 디자인을 수정할 수 있으며, 다른 템플릿으로 바꾸거나 필요에 따라 여러 템플릿을 함께 사용할 수도 있다.

    원하는 템플릿을 선택하면 다음과 같이 편집 화면이 새로운 탭으로 열린다. 왼쪽에 있는 메뉴 바에서 디자인 탭이 선택된 것을 확인할 수 있다.

[그림 2-3] 캔바 편집 화면 - 디자인 탭

내가 선택한 템플릿이 여러 페이지로 구성되어 있는 경우 원하는 페이지를 추가로 선택하여 자료를 제작할 수 있다. 고른 템플릿 디자인은 항상 현재 선택된 페이지에 적용되므로, 다른 디자인으로 다음 페이지를 만들기 위해서는 오른쪽 하단 +(페이지 추가)를 클릭한 후 원하는 디자인을 선택해야 한다.

[그림 2-4] 서로 다른 디자인으로 여러 페이지를 추가한 결과

편집 화면 왼쪽 아래 스크롤 바를 내려보면 템플릿 스타일을 적용할 수 있는 메뉴가 있다. 캔바에서 제공하는 템플릿은 각각의 세트마다 정해진 색상과 글꼴이 있으며, 주어진 템플릿 페이지 내에서도 다양한 스타일로 변형할 수 있다. 또한 내가 바꾼 스타일대로 모든 페이지에 적용할 수도 있다.

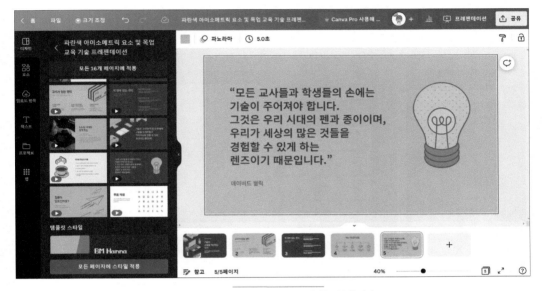

[그림 2-5] 5번 페이지에 템플릿 스타일을 적용한 결과

[그림 2-6] 5번 페이지의 스타일을 모든 페이지에 적용한 결과

2-1 템플릿

디자인 탭에서는 템플릿, 레이아웃, 스타일 등 세 가지 기능을 활용할 수 있다. 템플릿에서는 최근에 사용한 디자인과 함께, 같은 종류의 매체에 사용할 수 있는 다른 템플릿도 함께 확인할 수 있다. 또한 키워드를 입력하여 나에게 필요한 템플릿을 검색한 후 원하는 페이지에 적용할 수도 있다.

[그림 2-7] 디자인 탭 - 템플릿

[그림 2-8] '교육'으로 검색한 템플릿을 6번 페이지에 적용한 결과

검색한 템플릿의 오른쪽 상단 점 세 개를 클릭하면 해당 템플릿과 관련된 정보를 확인할 수 있다. 아래에 있는 스타일 적용 메뉴를 활용하여 원하는 페이지 또는 모든 페이지에 스타일을 적용할 수도 있다.

[그림 2-9] 템플릿 관련 정보

[그림 2-10] 다른 템플릿의 스타일을 모든 페이지에 적용한 결과

레이아웃

캔바도 파워포인트나 구글 프레젠테이션에서처럼 템플릿에 알맞은 다양한 레이아웃을 제공한다. 레이아웃을 사용하면 템플릿의 스타일은 유지하면서도 페이지에서 글이나 그림을 손쉽게 효과적으로 배치할 수 있다.

[그림 2-11] 디자인 탭 - 레이아웃

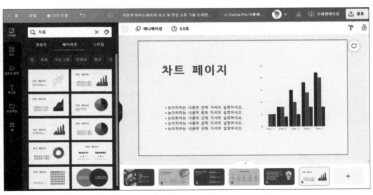

[그림 2-12] '차트'로 검색한 레이아웃을 6번 페이지에 적용한 결과

2-3 스타일

템플릿 기능에서는 선택한 템플릿의 스타일을 전체적으로 적용할 수 있는 반면, 스타일 기능에서는 색상이나 글꼴, 분위기 등 템플릿에서 내가 원하는 부분만 적용하여 바꿀 수 있다.

[그림 2-13] 스타일 기능에서 글꼴 세트를 활용하여 수정한 결과

또한 유료 버전에서는 브랜드의 로고나 색상, 글꼴 등 브랜드 스타일을 미리 지정하여 원하는 디자인에 일괄 적용할 수 있다.

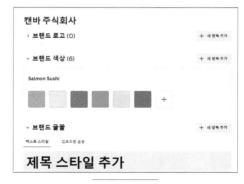

[그림 2-14] 브랜드 스타일 지정하기

03. 요소

　요소 탭은 템플릿과 함께 캔바에서 제공하는 가장 핵심적인 기능 중 하나이다. 디자인에 필요한 가장 기본적인 선 및 도형부터 그래픽, 움직이는 스티커, 사진, 동영상, 오디오, 차트, 표 등 다양한 콘텐츠를 제공하고 있다.

[그림 2-15] 캔바 요소 탭에서 사용할 수 있는 각종 콘텐츠

3-1   선 및 도형

선 및 도형에서는 다양한 도형을 추가하거나 이를 선으로 연결하여 내가 원하는 모양의 도표를 만들 수 있다. 도형을 선택하여 원하는 텍스트를 바로 입력할 수 있고 글꼴이나 색깔, 그룹화, 애니메이션 등을 지정할 수 있다.

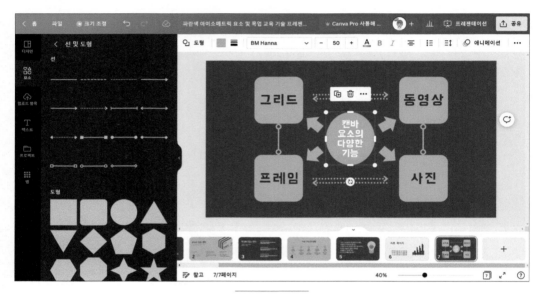

[그림 2-16] 선 및 도형 기능을 활용하여 제작한 도표

3-2   그래픽

그래픽에서는 기본적인 애니메이션 그래픽이나 그러데이션, 스티커 등을 제공한다. 특히 현재 작업 중인 디자인에 어울리는 그래픽을 자동 추천해 주거나, 하나의 그래픽을 골랐을 때 이와 유사한 다른 그래픽을 자동 추천해 주기도 한다.

[그림 2-17] 현재 작업 중인 디자인에 어울리는 그래픽 자동 추천

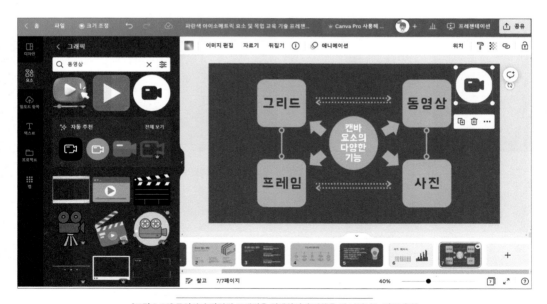

[그림 2-18] 동영상과 관련된 그래픽을 검색하여 추가했을 때 나타나는 자동 추천

그래픽에는 '더 나은 세상을 위한 디자인'이라는 섹션이 있다. 캔바에서 Design for a cause라는 이름의 계정으로 별도로 제공하는 그래픽이다. 무료 버전에서는 콘텐츠 하나당 1,100원의 요금이 발생하며 수익금은 난민의 권리와 안정적인 생활을 지원하는 단체인 UNHCR에 기부된다. 유료 버전에서는 해당 콘텐츠를 모두 무료로 사용할 수 있다.

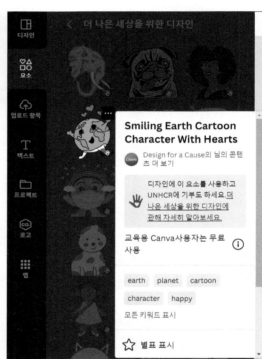

[그림 2-19] 더 나은 세상을 위한 디자인 사용 시 유·무료 버전 비교

3-3 스티커

스티커는 그래픽에서 일반적으로 제공되는 콘텐츠와 달리 움직임이 있어 디자인에 동적인 경쾌한 느낌을 부여할 수 있다. 화살표, 낱말, 음식, 도형, 이모티콘, 축제, 콘페티, 소셜미디어 등 다양한 섹션으로 구성되어 있으며 사용자들이 많이 선택한 콘텐츠는 인기 항목으로 따로 분류하여 제공하기도 한다.

[그림 2-20] 다양한 스티커와 인기 항목

3-4 사진

캔바에는 무료로 사용할 수 있는 100만 개 이상의 사진을 제공하고 있다. 사진에서는 그래픽과 스티커 기능에서와 같이 자동 추천이나 인기 항목 등의 섹션을 제공하고 있다. 특히 사진을 선택하면 나타나는 '이미지 편집' 메뉴에서 유용한 기능을 다양하게 사용할 수 있다.

[그림 2-21] 사진 기능에서 이미지를 추가한 결과

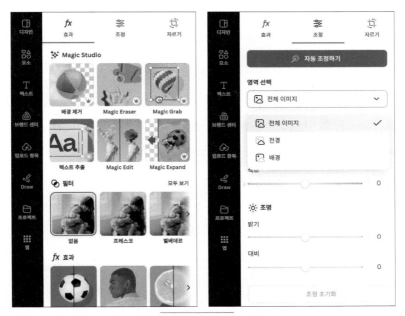

[그림 2-22] 이미지 편집 메뉴에서 사용할 수 있는 다양한 기능

　　fx 효과 항목에서 제공하고 있는 그림자나 이중톤, 흐리기, 자동 초점, Face Retouch 등은 별도의 사진 편집 프로그램 없이도 사진에 전문적인 느낌을 추가하거나 인물 사진에서 부족한 부분을 보완할 수 있어 편리하다.

[그림 2-23] Auto Focus 기능으로 사진의 배경을 흐리게 처리한 결과

3-5 동영상

캔바에서는 항공 촬영, 자연, 비즈니스, 해변 등 다양한 섹션으로 구성된 샘플 동영상을 제공하고 있다. 동영상을 선택하면 나타나는 '동영상 편집' 메뉴에서 배경을 제거하거나 필터를 적용할 수 있으며, 이 밖에도 영상의 일부분을 잘라내는 간단한 편집, 자동 다듬기와 하이라이트 등이 가능하다.

[그림 2-24] 영상 자르기 및 애니메이션 효과 부여

3-6 오디오

　오디오 기능을 활용하면 캔바에서 유·무료로 제공하는 다양한 오디오 클립을 디자인에 추가할 수 있다. 오디오를 추가하면 아래쪽 페이지 미리보기 화면 아래에서 확인할 수 있다. 디자인에 적용될 오디오의 볼륨을 조절할 수도 있고, 페이지와 요소를 음악에 자동으로 맞춰주는 Beat Sync 기능도 활용할 수 있다.

[그림 2-25] 주제별 오디오 목록 및 오디오 효과, 볼륨 조절 메뉴

3-7 차트

데이터를 분석하여 그래프로 나타내면 정보를 훨씬 효과적으로 나타낼 수 있다. 캔바에서는 막대, 점선, 원형, 인포그래픽 등 다양한 종류의 차트를 사용할 수 있다.

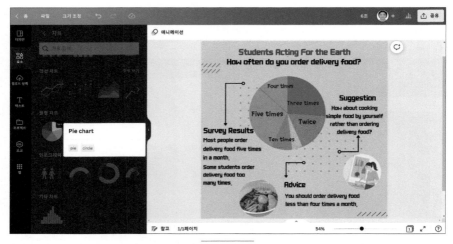

[그림 2-26] 원형 차트를 활용한 인포그래픽 제작 결과

캔바에서 차트를 만들 때는 데이터를 직접 입력할 수도 있지만, CSV 형태의 파일을 업로드하거나 구글 스프레드시트의 특정 영역을 선택하여 만들 수도 있다.

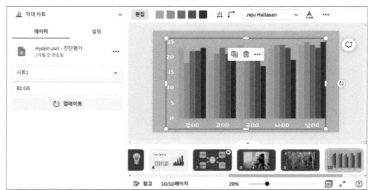

[그림 2-27] 구글 스프레드시트의 특정 영역에 해당하는 막대 차트 제작 결과

3-8 표

표는 데이터의 효과적인 정보 전달을 위한 유용한 도구이다. 포스터나 영상 등을 제작할 때 소개할 자료를 표로 삽입하여 보기 쉽게 정리할 수 있다.

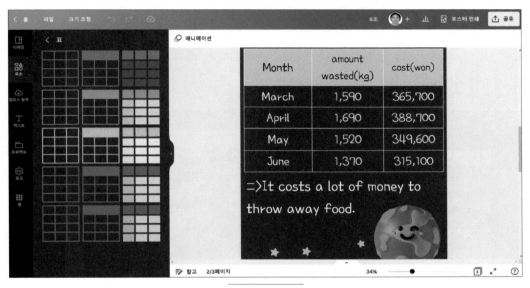

[그림 2-28] 월별 학교 음식물 쓰레기 처리량과 가격 비교표

3-9 프레임과 그리드

프레임은 디자인 내에서 각종 요소를 고정하고 배치하는 데 사용할 수 있는 컨테이너의 역할을 한다. 그리드는 프레임을 다양한 모양으로 구성한 모음으로써 각각의 요소를 균등한 간격으로 배치하고 정렬시키기 위한 가이드의 역할을 하는 도구이다. 프레임과 그리드를 사용하면 디자인을 보다 체계적이고 시각적으로 매력 있게 보이도록 할 수 있으며, 특히 한 페이지에 2개 이상의 사진과 영상을 함께 배치할 수 있어 재미있는 콘텐츠를 제작할 수 있다.

[그림 2-29] 그리드(왼쪽)와 프레임(오른쪽)을 활용하여 사진 배치

3-10　컬렉션

　컬렉션은 비슷한 느낌의 그래픽 요소들을 하나의 묶음 형태로 제공하는 기능이다. 컬렉션에 포함된 그래픽을 사용하면 디자인에 통일성을 부여할 수 있다.

[그림 2-30] 컬렉션 Lined Simple Doodles을 사용한 번호 매기기 결과

04. 업로드 항목

    캔바의 업로드 항목에서는 내가 소유한 이미지나 동영상, 오디오를 디자인에 추가할
수 있다. 또한 페이스북, 구글 드라이브, 인스타그램, 드롭박스, 구글 포토 등 나의 소셜
계정이나 클라우드에 연결하여 원하는 콘텐츠를 가져올 수 있다. 업로드 항목에 저장할
수 있는 공간은 무료 계정인 경우 5GB, 교육용 캔바인 경우 100GB, 캔바 프로인 경우
1TB이다.

[그림 2-31] 파일 업로드 - 내 PC에 있는 이미지 파일 선택

[그림 2-32] 업로드한 이미지 파일을 디자인에 추가한 결과

파일 업로드 이외에도 직접 녹화하기 기능을 활용하면 내 얼굴과 설명하는 목소리가 포함된 영상이나 화면 캡처 영상 등을 슬라이드에 추가할 수 있다.

[그림 2-33] 직접 녹화하기 기능으로 특정 슬라이드에
카메라 및 화면을 녹화하는 장면

캔바를 이용하여 직접 녹화한 영상은 슬라이드에 자동으로 추가되며, 화면 영상과 발표자 영상이 각각의 파일로 첨부되므로 삭제하거나 크기 조절, 위치 이동 등이 용이하다.

[그림 2-34] 슬라이드에 추가된 화면과 발표자 영상

유료 버전인 경우 이미지나 동영상의 배경을 제거하는 기능도 함께 사용할 수 있다.

[그림 2-35] GEG Daegu 로고 이미지 배경 제거 결과

05. 텍스트

나만의 디자인을 제작할 때 텍스트는 꼭 필요한 요소 중 하나이다. 캔바는 텍스트 상자를 추가하여 다양한 글꼴로 글을 쓸 수 있으며, 글꼴 조합 기능을 활용하여 디자인에 알맞은 텍스트를 추가할 수도 있다.

[그림 2-36] 글꼴 조합 기능을 사용하여 텍스트를 추가한 결과

06. 프로젝트

캔바에서 작업한 모든 콘텐츠는 프로젝트에서 확인할 수 있다. 원래 프로젝트는 캔바 홈 화면에서 바로 접근할 수 있는데, 편집기에도 이 기능을 추가하여 현재 편집 중인 디자인뿐만 아니라 이전에 작업했던 다른 디자인이나 폴더, 이미지, 동영상 등도 함께 확인하고 추가, 변경할 수 있다. 캔바는 팀을 구성하여 다른 사람들과 실시간으로 협업할 수 있다는 장점이 있는데, 프로젝트에서는 다른 사람이 나에게 공유한 디자인도 '나와 공유됨' 폴더에서 확인할 수 있다.

[그림 2-37] 캔바 홈 화면(왼쪽)과 편집기(오른쪽)의 프로젝트

07. 앱

　캔바는 앱 기능을 활용하면 타사의 제품들과도 연동해서 디자인을 만들 수 있다. 특히 디자인이나 요소에서 제공하는 캔바의 자체 콘텐츠와 달리 앱에서 제공하는 각종 콘텐츠는 유·무료의 구분이 없어 자유롭게 사용할 수 있다. 또한 Magic Media처럼 내가 입력한 대로 이미지를 만들어 주는 인공지능 기술을 활용한 앱도 활용도가 높다.

　페이스북이나 인스타그램처럼 계정을 만들어 사용하고 있는 경우는 캔바에서 계정을 연결하는 작업이 필요하다. 한번 선택한 앱은 왼쪽 메뉴 바에서 해당 앱의 아이콘이 추가된 것을 볼 수 있다.

[그림 2-38] 캔바 앱에서 사용할 수 있는 다양한 도구들

[그림 2-39] 인스타그램 계정 연결 화면

08. 공유

캔바의 편집기로 제작한 디자인은 다양한 방법으로 공유할 수 있다. 특히 캔바는 미리캔버스에 비해 다운로드할 수 있는 파일의 종류가 더 많고, 온라인으로 공유하는 데 더 최적화되어 있다. 반면 미리캔버스는 비즈하우스라는 인쇄 전문 업체와 바로 연결되어 있어 오프라인 인쇄 및 활용에 더 유리하다.

완성된 디자인은 오른쪽 상단의 공유 메뉴를 통해 다른 사람과 공유하거나 결과물을 특정 형태의 파일로 다운로드할 수 있다.

[그림 2-40] 공유 메뉴의 세부 항목들

8-1 사용자 추가

    내가 지정한 사람이나 그룹, 팀에게만 공유하는 기능이다. 이름, 그룹 또는 이메일 추가 란에 원하는 사람의 이름이나 메일 주소를 입력하고 필요한 권한을 부여한 후 공유를 클릭한다. 한 번 이상 공유한 적이 있거나 같은 팀의 구성원이면 사람 이름만 입력해도 추가 가능하며, 그렇지 않은 경우는 메일 주소를 입력해야 한다.

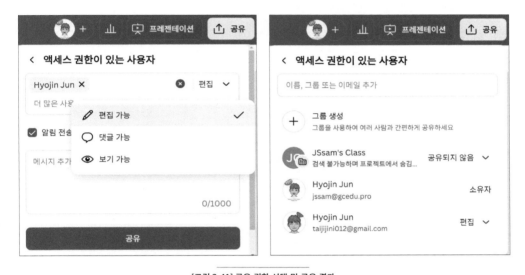

[그림 2-41] 공유 권한 선택 및 공유 결과

8-2 링크 공유

링크를 활용하여 내가 만든 디자인을 공유하는 기능이다. 링크가 있는 모든 사용자가 접근할 수 있도록 설정할 수 있으며, 권한을 다양하게 부여할 수도 있다. 유료 버전에서는 같은 팀의 구성원 중에서도 링크가 있는 경우에만 접근 가능하도록 설정할 수 있다.

[그림 2-42] 무료 버전(왼쪽)과 유료 버전에서 링크가 있는 자료실 팀원에게만 공유한 결과(오른쪽)

8-3 프레젠테이션 및 녹화

　공유 - 프레젠테이션 녹화 메뉴를 이용하면 녹화 스튜디오에서 직접 제작한 프레젠테이션을 보여 주면서 설명하는 영상을 찍을 수 있다. 만약 공유를 클릭했을 때 해당 메뉴가 보이지 않는다면 더 보기를 클릭하여 확인할 수 있다. 녹화 스튜디오에서 녹화한 영상은 왼쪽 하단에 발표자의 얼굴이 나타나며 목소리도 함께 녹음된다. 슬라이드 하단의 참고 기능을 활용하여 발표자 노트를 미리 작성하면 화면 오른쪽에서 확인할 수 있으므로 듀얼 모니터가 아닌 경우에도 손쉽게 영상을 제작할 수 있다.

[그림 2-43] 공유 - 프레젠테이션 녹화 - 녹화 스튜디오 화면

　녹화가 완료된 영상은 업로드 과정을 거쳐 바로 공유할 수 있는 링크로 만들어진다. 또한 영상 자체를 mp4 파일로 다운로드할 수도 있으며, 발표 자료와 함께 저장해 두었다가 추후에 활용할 수도 있다.

[그림 2-44] 녹화 완료 후 영상 업로드 과정 및 링크 생성 결과

8-4 다운로드

캔바에서 제작한 결과물은 다양한 파일 형식으로 다운로드할 수 있다. 특히 매체의 종류에 따라 적합한 파일 형식을 직접 추천해 주기도 한다. 원하는 페이지만 선택하여 다운로드할 수도 있다.

[그림 2-45] 다운로드 메뉴에서 파일 형식 및 페이지 선택 결과

8-5 SNS에 공유

캔바에서 제작한 결과물을 내가 운영하는 SNS에 바로 공유할 수 있다. 유료 버전에서는 둘 이상의 계정에 연결하거나, 일정 예약 기능을 사용하여 내가 원하는 일정에 예약 게시할 수 있다. SNS의 종류에 따라 일부 매체에서는 업로드 가능한 파일 형식이나 크기 등이 다를 수 있으며 아래 사이트에서 확인할 수 있다.

bit.ly/캔바제한사항

[그림 2-46] 캔바에서 바로 연결하여 게시할 수 있는 다양한 SNS와 일정 예약 기능

8-6 디자인 인쇄

디자인을 여러 가지 형태의 오프라인 문서로 인쇄할 수 있다. 인쇄 형태와 인쇄할 페이지를 선택한 후 결제를 클릭하면 원하는 상품을 받을 수 있다. 단, 국가에 따라 오프라인 인쇄가 가능한 제품과 사이즈가 다르며 대한민국에서 인쇄 가능한 제품 및 크기는 다음과 같다.

제품	스타일	사이즈
캔버스(벽면 장식용)	정사각형	8 × 8 in 12 × 12 in 20 × 20 in
	직사각형	8 × 10 in 16 × 20 in 24 × 30 in 11 × 14 in
머그잔	양면(흰색 세라믹)	11oz / 375 ml
벽걸이 달력	흰색 와이어 바인딩	21 × 29.7 cm (A4)
스티커(원형)	Sheets (up to 96 stickers)	2 × 2 in 3 × 3 in 4 × 4 in
스티커(타원형)	Sheets (up to 100 stickers)	2 × 3 in 4 × 6 in
스티커(직사각형)	Sheets (up to 100 stickers)	2 × 3 in 4 × 6 in
스티커(정사각형)	Sheets (up to 96 stickers)	2 × 2 in 3 × 3 in 4 × 4 in
명함/태그	Standard/Premium	2 × 3.5 in
접이식 카드	Premium/Deluxe	21 × 14.8 cm (unfolded)
초대장(세로) & 카드	Premium/Deluxe	14.8 × 10.5 cm (A6)

초대장 (정사각형) & 카드	Standard/Premium/Deluxe	14 × 14 cm
전단지	Standard/Premium/Deluxe	29.7 × 21 cm (A4) 21 × 14.8 cm (A5)
레터헤드	Standard/Premium	29.7 × 21 cm (A4)
엽서/상품권	Premium/Deluxe	10.5 × 14.8 cm 14.8 × 21 cm
포스터	Premium	42 × 29.7 cm 59.4 × 42 cm 84.1 × 59.4 cm
랙 카드/인포그래픽	Standard/Premium/Deluxe	21 × 9.9 cm
트라이폴드 브로슈어	Standard	21 × 29.7 cm (A4 folded)

(출처: https://www.canva.com/print/what-we-print/)

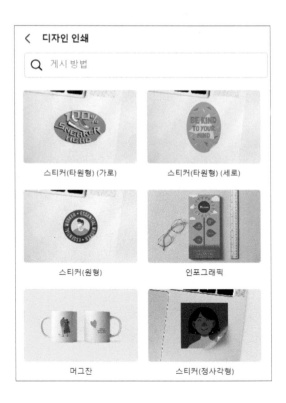

[그림 2-47] 스티커(원형)로 2페이지를 선택하여 인쇄 요청한 결과

8-7 더 보기

　앞서 소개한 방법 이외에도 다양한 방법으로 다운로드하거나 공유할 수 있는 방법을 확인할 수 있다. 만약 공유를 클릭하여 원하는 기능이 없을 때 더 보기를 선택하면 PPT 로 저장하기 등 숨겨져 있던 기능을 찾을 수 있다.

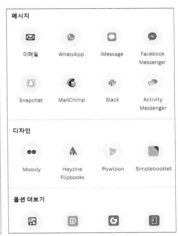

[그림 2-48] 더 보기의 모든 옵션

3

콘텐츠 크리에이터 되기

01. 포스터

　저자는 구글 공인 트레이너/혁신가이자 구글 교육자 그룹(GEG) 대구 지역의 공동 리더를 맡은 적이 있다. 구글 교육자 그룹에서는 각 지역별로, 분기별로 구글을 활용하는 다양한 방법을 연수하는 각종 행사를 진행하고 있다. 캔바를 활용하여 행사를 안내하는 포스터를 만들어 보자.

　먼저 캔바 홈 검색창에 'IT 포스터'를 검색하여 원하는 디자인과 모양, 사이즈의 템플릿을 고른다.

[그림 3-1] 캔바 홈에서 원하는 매체와 관련된 템플릿 키워드로 검색

　편집기 화면에서 템플릿에 포함된 텍스트를 클릭하면 내용을 수정하고 글꼴과 글씨 크기를 적절하게 바꿀 수 있다.

[그림 3-2] 텍스트 내용 및 글꼴 바꾸기

템플릿의 불필요한 이미지를 삭제하고 업로드 항목에서 원하는 이미지나 사진을 불러와 디자인에 추가한다.

[그림 3-3] 포스터에 GEG Daegu 로고를 넣은 결과

포스터 아래쪽에 세부 내용을 추가하여 필요한 정보를 안내할 수 있도록 한다. 완성된 포스터는 공유 - 다운로드에서 파일 형식 PNG나 JPG, PDF 등으로 다운로드 후 GEG 대구 회원들에게 안내 메시지로 발송할 수 있다.

[그림 3-4] PNG 파일로 다운로드하는 모습(왼쪽) 및 포스터 완성품(오른쪽)

02. 컷툰/만화책

캔바는 컷툰 템플릿도 제공하고 있어 여러 컷의 만화를 쉽게 만들 수 있으며 템플릿 - 교육 카테고리에 있다. 특히 템플릿에 포함된 리소스 자료와 요소 탭의 자동 추천 기능을 활용하면 컷툰에 등장하는 캐릭터의 다양한 표정과 자세를 구현할 수 있다.

[그림 3-5] 펭귄이 등장하는 템플릿의 리소스 페이지와 요소 - 자동 추천 결과

예시 자료를 참고하여 넌센스 퀴즈를 주고받는 펭귄 컷툰을 만들어 보자. 말풍선을 클릭하여 내용을 바꾸고 이미지를 클릭하여 삭제한 후 다른 이미지를 삽입할 수 있다.

[그림 3-6] 템플릿 예시 자료(왼쪽)와 내용을 바꿔 제작한 컷툰 완성품(오른쪽)

03. 스토리보드

스토리보드는 영상, 애니메이션, 게임, 광고 등의 제작 과정에서 사용되는 시각적인 문서이다. 프레임으로 이루어진 그림과 함께 각 장면의 대본, 캐릭터 이동 경로, 카메라 움직임 등을 표시한다. 캔바는 하나의 스토리보드를 여러 명이 동시에 협업할 수 있으므로 영상이나 영화를 제작할 때 업무의 효율을 높일 수 있다.

캔바의 스토리보드 템플릿을 이용하여 독서 챌린지 영상을 기획하고 스토리보드로 구성해 보자. 템플릿 - 교육 - 스토리보드 카테고리에서 가장 간단한 템플릿을 골라보았다.

[그림 3-7] 스토리보드 템플릿

　제목과 이름, 주제, 페이지와 날짜를 기재할 수 있으며 각 장면의 이름을 의도와 목적
에 따라 바꿀 수 있다.

[그림 3-8] 기본 정보 기재하기

　다른 사람들과 링크를 공유하여 편집 권한을 제공하면 각자가 어떤 부분을 작업하고
있는지 실시간으로 확인할 수 있다.

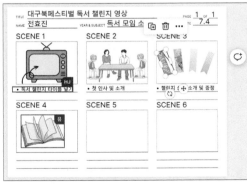

[그림 3-9] 편집 가능 모드로 링크 공유한 결과(왼쪽) 및 실시간 협업 과정(오른쪽)

스토리보드가 완성되면 다운로드하여 담당자에게 메일로 보내거나 소셜미디어에 바
로 업로드하여 공유할 수 있다.

[그림 3-10] 공유 - 소셜미디어에 공유

[그림 3-11] 소셜미디어에 공유하기 위한 미디어 생성(왼쪽) 및 인스타그램 업로드 결과(오른쪽)

04. 인포그래픽

　인포그래픽은 정보를 뜻하는 영어 단어 인포메이션(information)과 그래픽(graphic)의 합성어로서 시각적으로 정보를 전달하는 방식 중 하나이다. 각종 비영리 기관이나 기업의 홍보 자료로 많이 활용하고 있다. 인포그래픽이 사진이나 그림과 같은 시각 자료와 다른 점은 '정보'의 포함 여부이다. 캔바의 인포그래픽 템플릿을 사용하면 디자인 공간을 구조화하여 정보와 그래픽을 효과적으로 담을 수 있다는 장점이 있다.

　캔바에서 내가 원하는 인포그래픽 템플릿을 효과적으로 검색하기 위해서는 키워드를 활용하는 것이 좋다. 캔바에서 제공하는 인포그래픽 템플릿의 종류는 다음과 같다.

❶ 정보를 구조화하여 목록을 나열하는 인포그래픽 템플릿
❷ 차트와 그래프를 이용한 인포그래픽 템플릿
❸ 타임라인 인포그래픽 템플릿
❹ 프로세스 및 절차 관련 인포그래픽 템플릿

　또한 캔바에서는 사용자가 원하는 대로 인포그래픽 템플릿을 바꿀 수 있는 기능을 제공하고 있다. 각 템플릿의 레이아웃, 색상, 글꼴, 아이콘, 이미지 등을 변경하여 자신만의 인포그래픽을 만들어 낼 수 있다.

　우리나라에는 구글 공인 혁신가와 트레이너, 코치 등을 중심으로 각 지역별 구글 교육자 그룹이 활성화되어 있다. 이러한 정보를 담은 인포그래픽을 만들어 보자. 구글 공인 교육자와 각 지역별 현황을 한눈에 파악할 수 있도록 차트와 그래프를 사용하고자 한다. 먼저 캔바 홈 검색창에서 데이터 인포그래픽을 입력하여 검색한다.

[그림 3-12] 데이터 인포그래픽 검색 결과

검색 결과 중 하나를 선택하여 편집기 화면이 열리면 원하는 제목과 내용으로 텍스트를 수정한다.

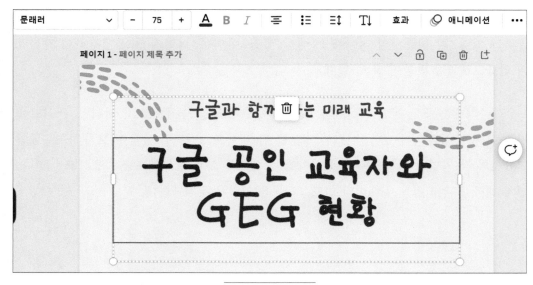

[그림 3-13] 인포그래픽 제목 및 내용 수정

　구글 공인 교육자의 종류 및 현황을 나타내는 데이터를 수집하여 차트로 나타낸다. 차트를 선택하면 왼쪽에 각각의 비율을 입력할 수 있는 표가 나타나며, 수치를 입력하면 차트의 비율이 달라지는 것을 확인할 수 있다. 또한 원하는 종류의 차트로 변경할 수도 있다.

[그림 3-14] 인포그래픽 데이터 입력 및 차트 변경

완성된 디자인은 크기를 조정한 후 인쇄하여 지정된 장소에 게시할 수 있다.

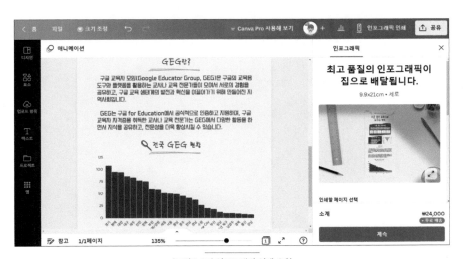

[그림 3-15] 인포그래픽 인쇄 요청

05. 카드뉴스

카드뉴스는 기사 내용을 시각적으로 간략하게 정리하여 제공하는 뉴스의 한 형태이다. 일반적으로 제목, 이미지, 간략한 내용, 출처 등이 카드 형식으로 구성되어 있으며, 스마트폰 등 모바일 기기에서 쉽게 볼 수 있도록 제작된다. 캔바에서 카드뉴스를 검색하면 다양한 템플릿을 찾을 수 있다.

[그림 3-16] 캔바 홈에서 카드뉴스 검색 결과

저자는 코로나 이후 해외여행을 가면서 동행자의 여권 유효 기간이 만료된 것을 확인하지 못하여 마지막에 여행지를 바꿔야 했던 안타까운 기억이 있다. 그때의 경험을 카드뉴스로 정리하여 블로그에 공유해 볼 생각이다. 카드뉴스로 검색한 결과 중 마음에 드는 템플릿을 고른다.

[그림 3-17] 네 장으로 구성된 카드뉴스 템플릿

여권 유효 기간 확인 및 유사 시 긴급 여권 신청과 관련된 내용으로 카드뉴스를 제작한다.

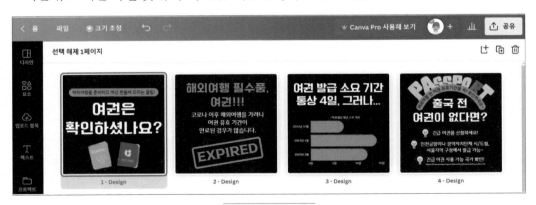

[그림 3-18] 여권 관련 내용으로 작성한 카드뉴스

PNG 파일로 전체 카드뉴스를 다운로드한 후 블로그에 슬라이드의 형태로 여러 장의 카드를 넘겨볼 수 있도록 업로드한다.

[그림 3-19] 네이버 블로그에 슬라이드의 형태로 탑재한 카드뉴스

06. 문서 작성

캔바는 최근 Canva Docs라는 이름의 문서 작성 기능 및 템플릿을 새롭게 출시하였다. 기존 마이크로소프트사의 워드나 구글 문서처럼 공유와 협업, 댓글 추가 등이 가능한 것에 더하여 캔바의 디자인 요소를 활용한 시각화에 강점이 있다. 또한 Magic Write와 같은 생성형 AI를 사용할 수 있다. 현재 1,487가지 템플릿이 제공되며 대부분이 교육용 무료 업그레이드 버전으로도 사용이 가능하므로 각종 보고서나 리포트, 플래너, 회의록 등에 널리 사용할 수 있다.

[그림 3-20] 캔바 홈 - Docs 검색 결과

GEG Daegu에서는 신학기를 맞아 리더와 캡틴 등 운영진 오프라인 회의를 계획하였다. 사전 준비 작업을 위해 Docs를 활용하여 회의록을 만들어 보자. 먼저 회의록 양식에 알맞은 템플릿을 골라야 한다.

[그림 3-21] 회의록 관련 템플릿 선택 - 이 템플릿 맞춤 제작 선택

먼저 회의록의 배너를 바꿔 보자. 이미 삽입된 배너의 디자인을 바꾸기 위해서는 배너를 선택한 후 점 세 개 - 디자인 편집을 클릭한다.

[그림 3-22] 회의록 배너 디자인 편집

Docs 편집기와는 별개로 배너의 디자인을 바꿀 수 있는 새로운 편집기 화면이 팝업창으로 나타난다. 요소 및 업로드 항목, 텍스트 기능을 활용하여 내가 원하는 디자인으로 배너를 수정할 수 있다.

[그림 3-23] 배너 편집기 화면 및 배너 수정 결과

텍스트와 표 입력 이외에도 구글 지도의 특정 장소를 링크로 캔바 문서에 붙여넣기 하면 해당 장소를 미리보기의 형태로 가져올 수 있으며 지도 확대/축소 및 이동 등 상호작용도 가능하다.

[그림 3-24] 회의록에 구글 지도로 회의 장소를 추가한 결과

캔바의 왼쪽 메뉴 바에서 프로젝트 - 디자인을 선택하면 캔바에서 기존에 제작했던 디자인을 문서에 쉽게 추가할 수 있다.

[그림 3-25] 캔바 포스터를 회의록에 추가한 결과

Docs로 완성한 회의록은 왼쪽 상단 Magic Switch 기능을 통해 프레젠테이션으로 바꿀 수 있다. 아직 이 기능이 완벽하지는 않지만 더 업데이트되면 강력한 프레젠테이션 도구가 될 것이다.

[그림 3-26] 회의록을 프레젠테이션으로 변환하는 과정

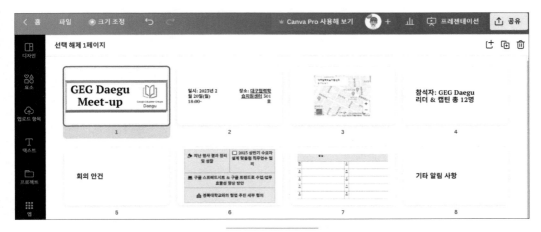

[그림 3-27] 프레젠테이션으로 변환한 결과

Docs로 작성한 문서는 공유 메뉴에서 사용자를 추가하거나 링크로 공유, 또는 PDF나 워드 문서로 다운로드할 수 있다.

[그림 3-28] PDF로 다운로드하는 과정(왼쪽)과 회의록 PDF(오른쪽)

07. PDF 가져오기

PDF 파일은 어도비 유료 프로그램이나 온라인 PDF 편집기를 사용해야 수정이 가능하다. 특히 무료로 사용할 수 있는 SmallPDF나 PDF Escape와 같은 온라인 편집기도 내가 원하는 기능은 유료 버전에서만 사용 가능하거나 글꼴 등 제한 사항이 많아 사용에 어려움이 있다. 캔바에서 PDF 파일을 불러오면 파일 자체에서 사용하는 글꼴 그대로 내용을 쉽게 수정할 수 있으며, 다양한 글꼴의 텍스트나 이미지 등을 추가, 삭제, 변경할 수 있다.

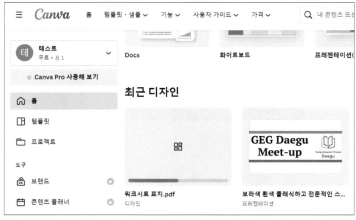

[그림 3-29] 디자인 만들기 - 파일 가져오기 - 파일 이름을 선택한 결과

　편집기에서 텍스트를 더블클릭하면 내용을 수정할 수 있다. 왼쪽 메뉴 바에서 텍스트를 선택한 후 텍스트 상자를 추가하면 내가 원하는 글꼴의 텍스트를 표지에 추가할 수 있다.

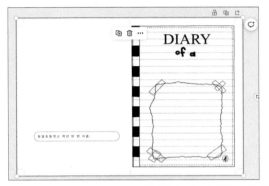 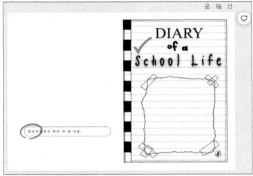

[그림 3-30] 워크시트 표지 앞면 텍스트 추가(초록색 체크) 및 소속 학교 변경(빨간색 동그라미)

　내용을 수정한 후에는 캔바에서 작업했던 다른 디자인들처럼 여러 형태의 파일로 다운로드하거나 사용자 추가, 링크의 형태 등 다양한 방법으로 공유할 수 있다.

4

N잡러 되기

현재 우리는 4차 산업혁명 시대를 넘어 이제 웹 3.0으로 가고 있다. 웹 1.0은 컴퓨터의 등장과 함께 인터넷을 통한 일방적인 지식 습득의 시대라면, 웹 2.0은 휴대전화를 기반으로 한 대기업의 플랫폼 SNS에서 활발하게 상호 소통하는 시대였다. 웹 3.0 시대는 중앙 통제를 하던 대기업의 클라우드를 거치지 않고, 나와 소비자가 직접 연결된다. 전문가들은 앞으로 10년 이내에 웹 3.0의 시대로 전환될 것으로 예견하고 있다.

웹 3.0 시대는 나 자신이 상품이며 콘텐츠가 되는 세상이다. 내가 창작한 콘텐츠는 더 이상 대기업인 유튜브나 네이버 블로그의 소유가 되지 않는다. 대신 나만의 고유한 지식 재산권(IP, Intellectual Property)을 가지고, 그 수익은 나와 나의 콘텐츠를 봐주고 좋아해주는 구독자 혹은 커뮤니티 사람들과 분배할 수 있다. 분명히 이 시대는 우리 눈앞에 다가와 있다.

이 시대를 준비하며 자신만의 콘텐츠를 만들고, 나만의 IP를 만들어 가자. 지금 시작해야 한다. 나를 콘텐츠로 만들고 홍보하며 나를 지지해 주는 팬들과 커뮤니티를 형성해 가자. N잡러의 일은 나를 알리거나 다른 사람들이 자신을 알리는 일들을 도와주며 수입을 창출하는 것으로부터 시작할 수 있다. 디자인 제작과 판매뿐만 아니라 나아가 이 방법들을 강의 콘텐츠로도 만들 수 있다. 하루에 하나씩 시작해 보자. 캔바를 통해 쉽게 시작할 수 있다. 내가 가진 콘텐츠에 캔바로 옷을 입히자! 캔바로 N잡러가 되어 보는 것이다.

01. 로고

N잡러의 기본, 나를 잘 나타내는 로고 만들기

　로고는 N잡러를 시작하는 사람들에게 필수이다. 다른 사람이나 업체를 위해 로고를 판매하는 사람이라 할지라도 일단 스스로를 나타내는 로고가 필요하다. 한번 만든 로고는 바꾸기가 어려우므로 자신의 특징을 잘 생각해서 로고를 만들어 보자. 이때 주의할 사항은 간단하고 단순하면서도 임팩트가 있어야 한다는 것이다. 여러 가지 정보를 주는 명함이 아니라는 것을 기억하자.

　저자의 경우 아래와 같은 '열정 김선생' 로고를 캔바에서 만들었다. 어떻게 하면 나의 특징을 잘 살릴 수 있을까? 고민을 한 후 나를 잘 표현하는 세 가지를 반영했다. 일단 성격적으로 열정이 넘치는 점, 구글 혁신가라는 점, 그리고 분홍색을 좋아하는 점! 3년 전 이 로고를 처음 만들 때만 해도 유튜브 구독자 수가 1명도 없었으나 지금은 구독자 2만 명이 넘는 채널이

[그림 4-1] 열정 김선생 로고

되었다. N잡러 크리에이터를 꿈꾸며 캔바로 로고를 만들어 보자. 캔바에는 로고 템플릿이 많이 있으니 이를 활용한다면 초보자라도 쉽게 만들 수 있다.

1-2 비건 샐러드 판매자의 로고 만들기

캔바 첫 화면 검색창에서 로고를 입력하여 템플릿을 검색한다.

[그림 4-2] 캔바 첫 화면에서 로고 템플릿 검색하기

로고 템플릿 윗부분에 다양한 세부 주제도 나온다. 이 중에 하나를 선택해서 좀 더 자신의 주제에 맞게 로고 템플릿을 찾아볼 수 있다.

[그림 4-3] 로고의 다양한 주제들

음식점을 선택한 후, 유성 한정식이라고 적힌 로고 템플릿을 선택한다.

[그림 4-4] 템플릿 선택

그림을 지운 후, 요소에서 각각 채소와 사과를 검색하여 그래픽에서 적당한 이미지를 선택한다.

[그림 4-5] 요소에서 채소 검색하기

[그림 4-6] 사과와 채소 그래픽이 추가된 결과

유성 한정식을 지우고 대신에 맛탐이라는 텍스트를 입력한다. '맛을 탐하다'의 줄임말로 비건 샐러드도 맛있다는 것을 부각시키고자 한다. 글꼴은 마음에 드는 것으로 바꾸어 보자. 맛탐 아래에 있는 글자는 불필요하므로 삭제한다.

[그림 4-7] 글꼴 바꾸기

검은색 동그라미 테두리를 클릭하여 초
록색으로 바꾸자.

[그림 4-8] 테두리 색깔 바꾸기

만들어진 로고로 먼저 인스타그램이나 유튜브, 네이버 블로그 프로필 사진부터 바꾸
자. 이 로고를 게시물이나 스토리, 영상 등에 넣어 자신의 저작물인 것을 널리 알리도록
하자.

로고를 파일로 다운로드할 때 꿀팁 한 가
지! 투명 배경으로 다운로드를 하면 여러
색깔의 배경에 다 쓸 수 있어서 좋다. 투명
배경으로도 파일을 받아 두자! 다운로드할
때 투명 배경에 체크한다.

[그림 4-9] 투명 배경으로 다운로드

02. 스티커

캔바에서 스티커를 제작하기 위해서는 기존에 보유한 디자인을 캔바를 통해 인쇄하거나 스티커 템플릿을 이용하여 직접 만들어 인쇄하는 등 두 가지 방법이 있다.

2-1 디자인 인쇄

앞서 만든 로고를 스티커로 만들기 위해 공유 - 디자인 인쇄를 선택한다.

[그림 4-10] 디자인 인쇄

타원형(가로, 세로), 원형, 정사각형 등의 여러 가지 스티커가 나타난다. 스티커(원형)를 클릭하면 '최고 품질의 스티커가 집까지 배달됩니다.'라는 문구가 뜨지만 주문 페이지는 결제를 선택해야 넘어가므로 걱정하지 않아도 된다.

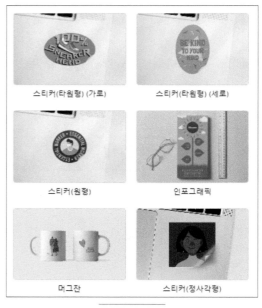

[그림 4-11] 다양한 스티커 종류들

디자인 크기 조정을 선택하면 그때 인쇄 주문 페이지가 나온다. 만약 관련 예산이 부족하거나 캔바로 결제가 어려운 경우 이 상태로 다운로드를 받아서 스티커 인쇄용 종이로 본인이 직접 출력해도 된다.

[그림 4-12] 다운로드

2-2　스티커 템플릿

　명절, 핼러윈, 생일 같은 특별한 절기나 행사가 있을 때, 미리 스티커를 주문받아 판매해 보는 것도 좋을 것이다. 2023년 신년 축하 스티커를 만들어 보자. 스티커를 제작해서 돈 봉투나 선물 상자에 붙인다면 센스가 뛰어나다는 말을 들을 것이다.

　캔바 첫 번째 화면에서 스티커라고 검색하면 주제별 스티커 템플릿이 무려 8,500개 이상 나온다. 첫 번째 새해 복 스티커 템플릿을 선택한다.

[그림 4-13] 템플릿 선택

　호랑이 이미지를 지우고 요소에서 토끼를 검색한다. 그래픽 중에서 마음에 드는 토끼 이미지를 선택한 후 텍스트를 23으로 수정한다. 출처를 밝히는 텍스트('예은이네 드림')를 아래쪽에 추가한다.

[그림 4-14] 완성된 스티커

03. 목업

3-1 **목업의 뜻과 종류**

목업은 영어 Mock-up에서 온 말로 실제 제품을 만들어 보기 전, 디자인의 검토를 위해 실물과 비슷하게 제작해 보는 모형을 말한다. 캔바에는 휴대전화, 노트북, 태블릿, 시계, 휴대전화 케이스, 컵, 티셔츠, 마스크, 베개 등 8,000여 개나 되는 많은 목업이 있다.

3-2 **북극곰 환경 사랑 머그컵 목업 만들기**

목업 중에서 제작과 판매가 가장 쉬운 머그컵을 만들어 보자. 실제 사진을 가지고 선물 겸 기념품으로 머그컵을 만드는 경우가 많다. 캔바에서 머그컵 목업 크기에 맞는 것은 로고 템플릿이다. 먼저 북극곰 환경 사랑 로고를 제작한 후 머그컵 목업을 만들어 보자.

캔바 첫 화면에서 로고를 입력하여 검색한 후 빈 로고 만들기를 선택한다.

로고 템플릿

다음 디자인을 위해 준비된 고품질 로고 템플릿을 둘러보세요.

템플릿 59,927개

+
빈 로고 만들기

여행가자
- since 2015 -

[그림 4-15] 빈 로고 만들기

요소에서 북극곰을 검색한 후 그래픽에서 원하는 그림을 선택하여 추가한다. 이미지 편집을 선택한 후 Photogenic에서 Fresco 효과를 선택하면 이미지가 선명한 색깔로 편집된다. 상단 메뉴 바에서 디자인 제목을 북극곰 보호라고 수정한다.

[그림 4-16] 북극곰 환경사랑 로고 만들기

캔바 첫 화면 왼쪽 메뉴에서 Smartmockups를 클릭한 후 Home & Living에서 Mugs를 선택한다. 마음에 드는 머그컵 목업 사진을 선택한다.

[그림 4-17] 목업 시작하기   [그림 4-18] 머그컵 목업 고르기

디자인 탭에서 북극곰 보호 디자인을 선택한다.

[그림 4-19] 로고 디자인을 목업과 연결하기

편집을 원한다면 이미지 조정을 선택한다. 목업이 마음에 든다면 모형 저장을 선택한다.

[그림 4-20] 이미지 조정 및 모형 저장하기

이제 인스타그램에 내가 만든 컵을 게시하여 홍보하고 판매해 보자. 디자인에 사용하기 - Instagram 게시물(정사각형)을 차례대로 선택한다.

[그림 4-21] 인스타그램 게시물 만들기

04. 전단지

　전단지 제작 및 판매는 누구나 쉽게 할 수 있다. 육아와 가사를 전담하는 전업주부도, 직장인이나 대학생들도 틈틈이 취미로 할 수 있는 N잡러의 기본 활동이라고 할 수 있다. 캔바에는 전단지 종류가 굉장히 많다. 체육, 교육, 방역, 애완동물, 이벤트, 마케팅, 홍보, 비즈니스, 자영업 홍보 등 수많은 템플릿이 계속 업데이트 되고 있다. 디자인 감각이 없어도 템플릿으로 전단지를 쉽게 만들 수 있다.

　캔바 첫 화면에서 전단지라고 검색하면 검색창 바로 밑에 전단지와 관련된 세부 주제가 나타난다. 홍보를 선택한 후 카페 민티 템플릿을 고른다.

[그림 4-22] 전단지 템플릿에서 주제 선택　　　　　[그림 4-23] 템플릿 선택

　　마카롱 판매 홍보 전단지로 편집해 보자. 케이크 이미지를 지우고 도형과 배경 색깔, 텍스트 내용과 글꼴, 이미지 등을 차례대로 편집한다. 이때 마카롱 이미지를 검색하여 배경이 없는 이미지를 선택하면 훨씬 더 맛깔스러워 보이는 마카롱을 연출할 수 있다.

[그림 4-24] 배경이 없는 이미지
(첫째 줄 첫 번째와 세 번째, 둘째 줄 첫 번째)

사진을 클릭한 후 이미지 편집 - 필터 - 비비드(Vivid) 효과를 넣어 보는 것도 추천한다.

[그림 4-25] Photogenic에서 비비드(Vivid) 효과

완성된 카페 캔바 전단지 및 다른 여러 가지 작업 결과를 SNS에 업로드하여 N잡러로서 전단지 제작 사업을 홍보해 보자.

[그림 4-26] 완성된 카페 캔바 전단지

05. 봉투

　요즘은 이메일을 주로 쓰기 때문에 종이 봉투가 필요 없을 거라는 생각은 접어 두자. 봉투는 편지를 넣는 용도 외에도 다양하게 사용되고 있다. 특히 결혼식 축의금이나 세뱃돈, 생일, 기념일 등 돈을 넣어 전달하는 용도로 많이 사용되고 있다. 재미있고 아이디어가 돋보이는 문구나 그림을 추가하여 부모님께 드리는 용돈 봉투를 만들어 보자.

　캔바 홈 화면에서 봉투라고 검색하면 600개 이상의 템플릿이 나온다. 이 중에서 원하는 디자인의 템플릿을 선택한다.

[그림 4-27] 봉투 템플릿 선택

　먼저 텍스트를 Thank you로 수정한다. 이미지는 요소에서 '부모님'이라고 검색하면 그래픽에 감동적인 그림들이 많이 나온다. 요소 - 글상자를 검색하여 약간의 메모를 할 수 있는 상자를 추가해 보자. 완성된 디자인은 봉투에 출력하여 직접 사용할 수 있다.

[그림 4-28] 완성된 봉투 디자인

06. 카드/청첩장

캔바에는 무려 3만 3,000개가 넘는 고품질의 카드 템플릿이 있다. 캔바 첫 화면 검색창에 카드를 입력하면 다양한 주제로 카드 템플릿을 검색할 수 있다.

[그림 4-29] 다양한 주제의 카드 템플릿

양면 크리스마스 카드를 만들어 보자. 주제 중에서 명절/기념일을 선택한 후, 원하는 산타 카드 템플릿을 고른다.

[그림 4-30] 카드 템플릿 선택

앞면에는 요소에서 크리스마스라고 검색한 후 산타와 루돌프 등을 추가하여 카드를 꾸며 보자. 이미지의 색깔도 바꿀 수 있다. 이때 꿀팁 한 가지! 산타 이미지가 루돌프를 가린다면 루돌프 이미지를 선택한 후 마우스 오른쪽을 클릭해서 '레이어 - 앞으로 가져 오기'를 선택하면 된다.

[그림 4-31] 이미지 앞으로 가져오기

뒷면은 앞면과 비슷한 디자인으로 만들기 위해 카드 상단에 있는 페이지 복제를 선택한다. 깔끔한 느낌을 위해 배경만 유지한 채 나머지 요소는 모두 삭제한다. 나무 색깔을 바꾼 후 앞서 만든 로고를 추가해 보자. 여기서 꿀팁 한 가지! 나무 그림을 선택하면 왼쪽 상단에 이미지에 사용된 색상이 모두 나타난다. 원하는 한 가지 색상만 바꿀 때는 색상 팔레트 중 해당되는 색깔 하나만 선택하면 된다. 초록색 나무 색깔을 회색으로 바꾸어 보자.

[그림 4-32] 초록색 나무 색깔 바꾸기 전

[그림 4-33] 초록색 나무 색깔 바꾼 후

로고를 투명 배경으로 다운로드한 후, 업로드 메뉴를 사용하여 디자인에 추가한다.

완성한 디자인을 인쇄 요청하거나 다운로드한 후 양면 인쇄를 하여 원하는 사람들에게 크리스마스 카드로 발송할 수 있다.

[그림 4-34] 뒷면 로고 추가

6-2 청첩장

　디지털 청첩장은 이제 필수가 되었다. 인쇄물과 함께 디지털 청첩장까지 제작한다면 일석이조의 효과를 얻을 수 있다.

　캔바 첫 화면에서 청첩장이라고 검색하면 다양한 주제와 함께 9,900여 개의 청첩장 템플릿이 나온다. 겨울이라는 주제에서 민수와 수진 템플릿을 선택한다.

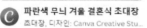

[그림 4-35] 템플릿 선택

　겨울의 분위기를 더하기 위해 눈 배경을 삽입해 보자. 무늬 배경을 지우고 요소 - 눈 내리는 바탕 투명을 검색한다. 마음에 드는 눈 배경을 왼쪽 상단에 배치한 후, 요소에서 웨딩 커플과 관련된 적당한 이미지를 입력한다. 글꼴과 내용도 원하는 대로 수정한다.

　완성된 청첩장은 캔바에서 바로 소셜미디어에 공유할 수 있다.

[그림 4-36] 완성된 청첩장

07. 명함

로고는 자신의 소개를 이미지로 나타내는 것이라면, 명함은 글로 나타내는 것이다. 캔바로 로고를 넣은 디지털 명함을 만들 수 있고, 오프라인으로 인쇄하여 사용할 수도 있다.

캔바 첫 화면에서 명함을 검색하면 여러 가지 직업에 관련된 주제와 함께 1만 3,000여 개의 템플릿을 확인할 수 있다. 이 중에서 오로라 가정 용품이라고 적힌 템플릿을 선택한다. 명함 템플릿은 아래와 같이 앞·뒷면이 함께 나타난다.

[그림 4-37] 명함 템플릿 선택

먼저 앞면을 만들어 보자. 앞에서 만들었던 로고 파일을 업로드 항목 탭을 이용하여 가져온 후 기존 이미지와 대체한다.

[그림 4-38] 로고 파일 업로드

전체 배경을 지우고 요소에서 음식 테두리를 검색한 후 적당한 배경을 선택한다. 이때 바꾼 배경을 선택한 후 마우스 오른쪽을 클릭해서 레이어 - 맨 뒤로 보내기를 클릭한다. 텍스트를 수정한 후 글상자, 이미지, 텍스트 크기를 적당하게 조정한다.

[그림 4-39] 완성된 명함 앞면

이번에는 뒷면을 만들어 보자. 앞서 앞면의 배경이 완전히 바뀌었으므로 뒷면은 앞면을 복사해서 사용하도록 한다. 뒷면 템플릿에 있던 텍스트를 복사해서 붙여넣기를 한 후 내용만 수정하면 된다. 홈페이지 대신 인스타그램의 주소를 쓴다면 인스타그램 홍보 효과도 누릴 수 있다.

[그림 4-40] 완성된 명함 뒷면

08. 메뉴판

메뉴판만 잘 만들어도 식당의 매출이 올라간다는 말이 있다. 캔바에는 무려 4만 개 이상의 메뉴 템플릿이 있으니 잘 활용해 보자.

캔바 첫 화면에서 메뉴판을 검색한 후 실제 음식 사진을 넣을 수 있는 템플릿을 선택한다. 개인적으로 메뉴판에 실제 음식 사진이 있으면 메뉴를 고를 때 많은 도움이 된다고 생각한다. 'HEALTH MENU'라는 템플릿을 선택한다.

[그림 4-41] 음식 사진이 포함된 메뉴 템플릿 선택

먼저 템플릿에 포함된 기존 사진들을 다 지운다. 이때 각 사진에 있는 기본 프레임은 지우지 않도록 주의한다. 사진을 선택한 후 삭제하면 기존 프레임은 유지되고 사진만 삭제되는 것을 확인할 수 있다. 실제 음식 사진을 찍어서 업로드한 후 그대로 사진을 드래그하여 빈 프레임에 드랍하면 자동으로 프레임 크기와 모양에 맞게 들어간다. 텍스트 내용을 수정하고, 로고와 이미지를 추가한다. 요소에서 비건과 베스트라는 키워드로 검색해서 메뉴판에 걸맞은 그래픽을 추가한다.

[그림 4-42] 완성된 메뉴판

09. 현수막/배너

　캔바 템플릿에는 9만 6,000개 이상의 현수막과 2만 1,000개 이상의 배너가 있다. 예전에는 기업이나 학교, 조직 단위의 행사에만 현수막을 사용했지만 요즘에는 생일이나 학급 단위의 개인적인 행사에도 많이 사용하고 있다.

　캔바 첫 화면에서 현수막을 검색하면 한글로 적힌 템플릿이 많이 나온다. 혹은 검색창에서 생일 현수막을 입력하여 바로 검색한다. 이 중 아기 얼굴이 있는 템플릿으로 생일 축하 현수막을 만들어 보자.

[그림 4-43] 생일 축하 현수막 템플릿 선택

　사진 프레임을 남겨 두고 기존 사진을 지운 후, 업로드한 실제 사진을 드래그 앤 드랍한다. 이미지들을 지우고 배경색을 바꾼 후, 요소에서 장난감과 풍선을 검색하여 이미지를 추가한다.

[그림 4-44] 완성된 생일 축하 현수막

10. 달력

달력은 일 년에 한 번 판매할 수 있지만 그 수입은 다른 이미지 판매보다 더 크다. 본인이나 가족, 지인, 반려동물의 사진부터 직접 그린 그림 등을 넣은 맞춤형 달력은 꾸준히 사랑받고 있는 아이템이다. 탁상 달력과 벽 달력 둘 다 만드는 방법은 동일하다. 반려동물 사진으로 탁상 달력을 만들어 보자.

캔바 첫 화면에서 desk calendar라고 검색한다. 템플릿 중에는 한국어보다 영어로 검색했을 때 결과가 더 잘 나오는 경우가 있다. 여기에서 Black Monochrome City라는 템플릿을 선택한 후, 오른쪽 메뉴에서 '이 템플릿 맞춤 편집하기'를 클릭한다.

[그림 4-45] 탁상 달력 템플릿 선택

표지는 사진을 지우고 배경색을 바꾼다. 요소에서 고양이를 검색해서 표지를 꾸며준다.

[그림 4-46] 완성된 탁상 달력 표지

　각 달마다 배경 그림을 지운 후 반려동물 사진을 추가한다. 이때 사진은 '맨 뒤로 보내기'를 선택해서 달력을 가리지 않도록 한다. 필요 없는 이미지들은 지우고, 글자 색은 적당하게 조절한다. 몇 분도 안 걸려서 멋진 애완동물 달력을 완성하였다.

[그림 4-47] 완성된 탁상 달력 낱장

5

프레젠테이션 전문가 되기

　프레젠테이션은 아이디어를 전달하거나 특정 지식을 설명하기 위해 시각적인 도구를 활용하여 발표하는 것을 뜻하며, 남녀노소를 불문하고 여러 분야에서 다양하게 활용된다. 특히 다음 표에 제시된 2022 개정 교육과정 영어 교과의 달라진 영역을 보면, 미래 사회에서 프레젠테이션의 역할이 얼마나 중요한지 새삼 느끼게 된다. 영어의 이해 영역에서는 이미지나 영상 등을 통해 내용을 파악하는 '보기'가, 표현 영역에서는 프로젝트 과정과 결과를 발표하는 활동과 같은 '제시하기'가 추가되었다. 두 가지 모두 캔바에서 주로 다루고 있는 프레젠테이션을 활용하여 내 생각을 표현하고, 프레젠테이션에 포함된 이미지나 영상, 텍스트 등을 통해 화자의 의도와 목적을 종합적으로 이해하는 것과 밀접한 관련이 있다.

	2015 개정 교육과정	2022 개정 교육과정	
영역	듣기, 말하기, 읽기, 쓰기	**이해**	듣기
			읽기
			보기(viewing)
		표현	말하기
			쓰기
			제시하기(representing)

　프레젠테이션의 목적은 청중에게 내용을 이해시키는 것이며, 따라서 명확하고 구체적인 내용과 그에 따른 적절한 시각적 요소가 중요하다. 5장에서는 캔바에서 제공하는 다양한 매체와 기능을 활용하여 의도와 목적에 맞게 프레젠테이션을 하는 방법을 알아보자.

01. 동영상

캔바는 템플릿 분류 중 동영상 섹션이 따로 있을 만큼 다양한 동영상 템플릿을 제공하고 있다. 물론 다른 종류의 템플릿을 사용해서 디자인을 제작해도 결과물을 MP4로 다운로드하면 동영상을 손쉽게 만들 수 있다.

[그림 5-1] 모든 템플릿 - 동영상

원하는 동영상 템플릿을 골라 캔바 홍보 영상을 만들어 보자.

[그림 5-2] 원하는 동영상 템플릿 선택 - 이 템플릿 맞춤 제작

    1페이지에서 텍스트를 더블클릭하여 내용을 수정한다. 2페이지에서 템플릿에 포함된 영상을 삭제하고 캔바의 홈 화면과 템플릿을 소개하는 영상을 직접 녹화하기 기능으로 촬영한 후 추가한다. 추가한 영상을 선택하면 상단 메뉴 바에서 동영상 편집과 자르기, 뒤집기, 애니메이션 적용 등 다양한 기능을 활용할 수 있다.

[그림 5-3] 2페이지에서 기존 템플릿 영상 삭제 및 캔바 소개 영상 직접 녹화 후 추가한 결과

    페이지에 추가한 영상은 동영상 편집 기능을 활용하여 내가 원하는 부분과 길이만 영상에 나타나도록 설정할 수 있으며, 페이지 사이에 화면 전환 효과를 추가할 수 있다.

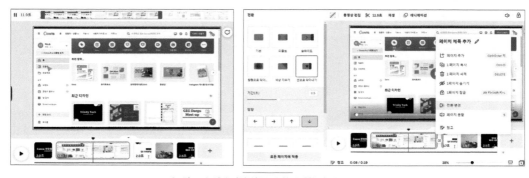

[그림 5-4] 영상 편집(왼쪽) 및 화면 전환 변경(오른쪽)

영상이 아닌 경우 페이지의 양쪽 끝을 드
래그하면 원하는 길이만큼 해당 페이지가
영상에서 지속되는 것을 볼 수 있다.

[그림 5-5] 4페이지 영상 길이 조절

　동영상은 기존의 디자인처럼 다양한 방법으로 공유할 수 있지만, 특히 영상을 유튜브
나 구글 드라이브에 업로드하지 않더라도 바로 링크로 공유할 수 있어서 편리하다.

[그림 5-6] 공유 - 시청 링크 공유 - 시청 링크 복사하기

[그림 5-7] 동영상 템플릿으로 만든 캔바 홍보 영상

02. 애니메이션 효과

캔바의 애니메이션을 사용하면 각 요소나 페이지에 시각적인 움직임을 더해주므로 디자인을 생동감 있게 매력적으로 만들 수 있다. 또한 특정 요소를 강조하거나 주의를 끄는 등 프레젠테이션에서 화자의 의도와 목적을 전달하는 데 도움을 준다.

애니메이션 효과는 전체 페이지에 적용하는 방법과 각각의 요소에 적용하는 방법 등 두 가지 방법이 있으며 특징은 다음과 같다.

	전체 페이지	요소별
특징	페이지에 포함된 모든 요소에 애니메이션 적용	페이지의 특정 요소마다 다른 애니메이션 적용
장점	전체 페이지에 시각적인 효과를 일관성 있게 부여할 수 있음	특정 요소에 주의를 집중할 수 있음, 시각적으로 더 흥미로운 디자인을 제작할 수 있음

2-1 전체 페이지에 적용하기

전체 페이지에 애니메이션을 적용하기 위해서는 페이지를 선택하면 된다. 페이지에서 요소가 없는 빈 공간을 클릭하면 왼쪽 상단에 애니메이션 기능이 나타나며, 분위기와 기본 효과, 강조 효과 중에서 마음에 드는 것을 선택하면 페이지 내에 있는 모든 요소에 자동으로 효과가 적용된다. 추가한 애니메이션 효과를 삭제하고 싶을 때는 모든 애니메이션 제거하기를 클릭한다. 선택한 효과를 모든 페이지에 일괄 적용할 수도 있다.

[그림 5-8] 전체 페이지 애니메이션 적용하기

2-2 요소별로 적용하기

요소에 애니메이션을 적용하기 위해서는 각각의 요소를 선택하면 된다. 예를 들어 영상의 제목을 클릭하면 오른쪽 상단에 애니메이션 기능이 나타나며, 각종 효과들 중에서 마음에 드는 것을 선택하여 적용할 수 있다. 각 요소별 애니메이션은 입장/종료 시 사용여부 및 애니메이션 속도와 방향(유료 버전) 등 페이지 애니메이션에 비해 좀 더 세부적인 내용을 추가로 선택할 수 있다.

[그림 5-9] 요소별 애니메이션 적용하기

03. 청중과 실시간 소통하기

　발표 자료를 제작한 후 오른쪽 상단 프레젠테이션을 선택하면 전체 화면을 사용하여 원하는 내용을 발표할 수 있다. 이때 청중들과 직접 소통할 수 있는 기능으로 Canva 라이브를 사용할 수 있다. Canva 라이브는 프레젠테이션 실행 시 오른쪽 하단 가장 왼쪽에 위치한 메뉴이며, Canva 라이브를 통한 대화형 Q&A라는 이름의 아이콘을 클릭하면 Canva 라이브 세션을 시작할 수 있다.

[그림 5-10] 프레젠테이션 - Canva 라이브를 통한 대화형 Q&A 실행 결과

오른쪽 화면의 새 세션 시작을 클릭하면 상단에 Canva 라이브에 참여할 수 있는 링크와 코드가 나타난다. 해당 정보는 초대장 복사를 선택하여 손쉽게 공유할 수 있다.

[그림 5-11] 새 세션 시작을 선택한 결과

브라우저 주소창에 canva.live를 입력하면 해당 사이트로 이동할 수 있다. 6자리 코드를 입력하면 바로 세션에 입장할 수 있다.

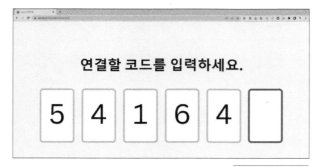

[그림 5-12] canva.live에서 코드 입력 후 세션에 입장한 결과

세션에서는 발표 전, 중, 후에 관련 질문 및 의견을 입력할 수 있다. 이때 별도의 로그인은 필요치 않으며 익명 또는 이름을 적은 후 질문을 남길 수 있다.

[그림 5-13] 익명 또는 이름을 적은 후 질문을 남긴 경우 비교 예시

청중들이 남긴 질문은 발표를 하는 중에도 오른쪽 Canva 라이브 세션에서 확인할 수 있다. 필요 시 원하는 질문을 크게 볼 수도 있다. 라이브 세션을 끝내고 싶다면 종료를 선택한다.

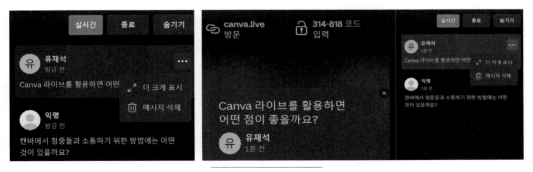

[그림 5-14] 청중들의 질문을 더 크게 표시 기능으로 크게 보이게 한 결과

04. 센스 있게 발표하기

4-1 매직 단축키

캔바를 이용하여 프레젠테이션을 진행하면 매직 단축키를 이용한 다양한 효과로 돋보이게 발표할 수 있다. 매직 단축키는 프레젠테이션 실행 시 오른쪽 하단 메뉴 중 가운데에 위치하며, 키보드 모양의 아이콘을 선택하거나 단축키 Shift+/를 활용하여 실행할 수 있다. 서로 다른 8개의 효과 및 이를 중단할 수 있는 지우기 등 총 9가지 메뉴가 있다. 매직 단축키 메뉴를 없애기 위해서는 오른쪽 하단의 키보드 아이콘을 다시 선택한다.

[그림 5-15] 프레젠테이션 - 매직 단축키 메뉴에 있는 다양한 효과들

[그림 5-16] 타이머(0-9)

[그림 5-17] 흐리기(B)

[그림 5-18] 조용히(Q)

[그림 5-19] 비눗방울(O)

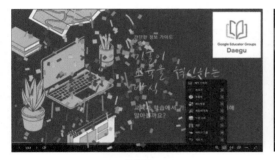

[그림 5-20] 색종이 폭죽(C)

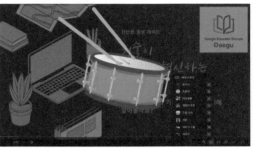

[그림 5-21] 드럼 소리(D)

[그림 5-22] 커튼(U)

[그림 5-23] 마이크 드롭(M)

　　타이머와 흐리기를 제외한 다른 효과들은 모두 오디오 효과를 포함하고 있으므로 만약 소리로 인해 프레젠테이션에 방해가 될 경우 미리 음소거 조치를 해두는 것이 필요하다.

4-2 원격 제어

캔바에는 원격 제어라는 유용한 기능이 있다. 대규모 회의실에서 발표를 하면서 키보드나 마우스를 사용하기 어렵거나 무선 프리젠터가 없는 경우, 모바일 기기를 활용하여 페이지를 넘기고 매직 단축키를 쉽게 사용할 수 있다.

먼저 원하는 디자인의 프레젠테이션을 실행한 후 오른쪽 하단의 점 세 개 메뉴를 클릭한다. 원격 제어 공유를 선택한 후 링크를 복사하여 내가 원하는 기기에 공유한다.

[그림 5-24] 원격 제어 링크 복사하는 방법

[그림 5-25] 카카오톡 채팅방에 공유한 원격 제어 링크

　공유된 링크를 클릭하면 모바일 기기에 아래와 같이 원격 제어 메뉴가 나타나며 별도의 로그인이나 회원 가입 없이 바로 사용할 수 있어 편리하다. 특히 매직 단축키 메뉴를 화면에 활성화시키지 않고도 클릭 한 번으로 모바일 기기에서 바로 보여 줄 수 있다.

　프레젠테이션을 중지하면 원격 제어 링크는 자동으로 비활성화되며, 발표 중 필요시에는 제어 일시 중지 기능으로 권한을 제한할 수 있다.

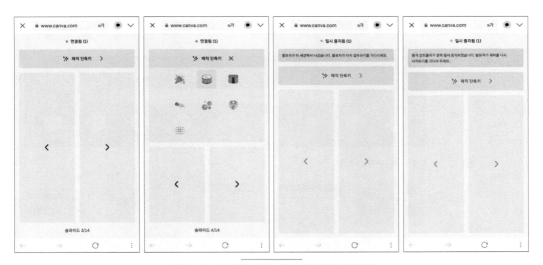

[그림 5-26] 모바일에서 원격 제어 링크를 활용한 컨트롤러

05. 화이트보드 사용하기

캔바에서는 가상의 화이트보드를 생성하고 이를 공유하여 여러 사람이 함께 협업할 수 있다. 홈 화면이나 템플릿 메뉴에서 빈 화이트보드나 목적에 맞는 적절한 템플릿을 골라 사용할 수도 있지만, 여기서는 프레젠테이션을 화이트보드로 확장시켜 사용하는 방법을 소개하고자 한다.

[그림 5-27] 홈 화면 - 화이트보드 템플릿

먼저 기존에 제작한 프레젠테이션 파일을 연 후, 확장하려는 페이지를 선택하여 마우스 우클릭 - 화이트보드로 확장을 선택한다.

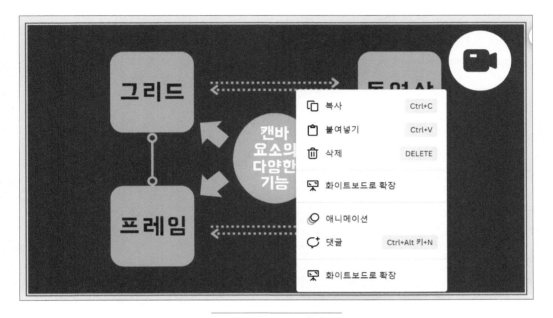

[그림 5-28] 화이트보드로 확장 메뉴

확장된 페이지는 뒷배경이 화이트보드로 바뀌며 페이지에도 점선 테두리와 아이콘으로 표시가 됨을 알 수 있다.

[그림 5-29] 일반 편집 화면과 그리드뷰에서 화이트보드로 확장된 페이지 표시

화이트보드로 확장을 한 경우 디자인 전체 페이지에 타이머 기능을 사용할 수 있다. 또한 모바일에서도 캔바 앱을 활용하여 지정된 시간 동안 확장된 화이트보드 페이지에서 다양한 실시간 협업 활동을 진행할 수 있다. 단, 타이머 기능은 모바일 앱에서는 지원되지 않는다.

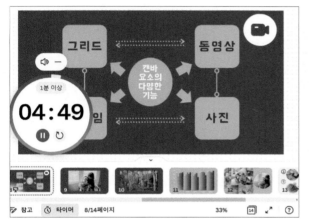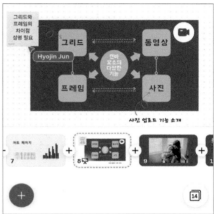

[그림 5-30] 타이머 기능과 모바일 캔바 앱에서의 실시간 협업 활동

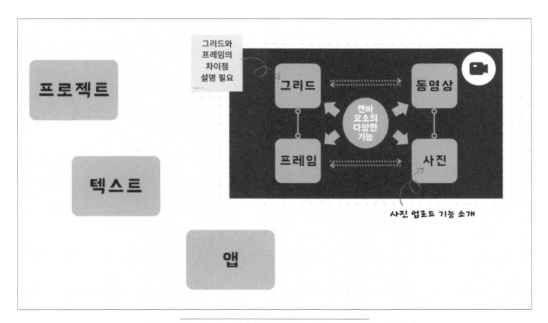

[그림 5-31] 기존 발표 자료 페이지 바깥의 확장된 화이트보드 공간을 사용한 예

화이트보드를 프레젠테이션 페이지로 다시 변경하려면 페이지 바깥쪽 화이트보드 공간이나 아래쪽 여러 페이지 중에서 해당 페이지를 마우스 오른쪽 버튼으로 클릭한 후 화이트보드 접기를 선택한다. 사용하던 화이트보드를 접으면 기존 페이지 내용뿐만 아니라 화이트보드에 작업한 내용까지 한 페이지로 다시 설정됨을 확인할 수 있다.

 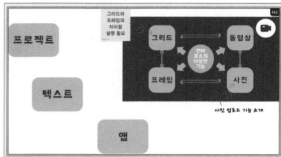

[그림 5-32] 화이트보드 접기를 선택한 결과

06. 3D 프레젠테이션

캔바에서는 3D 프레젠테이션을 쉽게 만들 수 있다. 파워포인트나 2D의 평범한 발표가 아니라 3D 요소를 활용하여 남들과 차별화된 발표를 할 수 있다. 업사이클링을 주제로 3D 프레젠테이션을 만들어 보자.

빈 프레젠테이션 만들기를 선택한 후 요소에서 '3D character'를 검색한다. 동영상 섹션에서 모두 보기를 선택하면 많은 3D 동영상들을 확인할 수 있다.

[그림 5-33] 동영상 섹션의 3D 동영상 검색 결과

이 중에서 비행기 모양의 동영상을 클릭하여 크기를 조정하고, 왼쪽 상단에 텍스트를 추가하여 Upcycling이라고 입력한다.

[그림 5-34] 동영상에 텍스트를 추가한 결과

페이지 추가를 선택한 후, 적당한 3D 동영상을 넣고 텍스트를 추가하는 작업을 반복한다.

[그림 5-35] 여러 페이지에 동영상과 텍스트 추가하기

오디오를 추가해 보자. 요소 - 오디오 섹션에서 주제에 맞는 원하는 음악을 클릭하면 자동으로 아래쪽 페이지 미리보기 화면 아래에 음악이 추가된다.

[그림 5-36] 오디오를 추가한 결과

[그림 5-37] 3D 프레젠테이션 제작 방법 영상(유튜브 열정김선생TV)

07. 그래픽 오거나이저

그래픽 오거나이저란 추상적인 개념과 지식, 정보를 그림이나 표와 같은 시각적인 도구를 활용하여 체계적으로 구조화한 것을 말한다. 글로만 표현했던 내용을 시각적으로 한눈에 볼 수 있어서 이해하기 쉽다.

7-1 스토리 그래픽 오거나이저 만들기

황순원씨의 〈소나기〉라는 소설을 그래픽 오거나이저로 만들어 보자. 캔바 첫 화면에서 그래픽 오거나이저로 검색을 하면 500개 이상의 템플릿을 확인할 수 있다. 그중에서 마음에 드는 템플릿을 선택한다.

[그림 5-38] 그래픽 오거나이저 템플릿 선택

영어로 된 텍스트를 한글로 바꾸고 글꼴, 크기, 방향 등을 수정한다.

[그림 5-39] 텍스트 수정

관련 없는 이미지를 지우고, 요소 - 비를 검색하여 어울리는 이미지들을 추가한다.

[그림 5-40] 이미지 수정

7-2 벤다이어그램 만들기

벤다이어그램은 그래픽 오거나이저의 한 종류로서 공통점과 차이점 등을 설명할 때 시각 자료로 많이 쓰인다. 이번에는 포유류인 개와 양서류인 개구리를 비교하는 벤다이어그램을 만들어 보자. 캔바 첫 화면에서 벤다이어그램을 검색한 후 마음에 드는 템플릿을 선택한다.

[그림 5-41] 벤다이어그램 템플릿 선택

제목과 내용을 한글로 바꾸고 필요 없는 부분은 삭제한다.

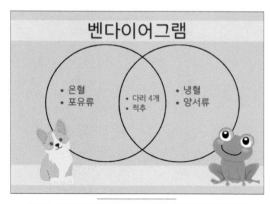

[그림 5-42] 강아지와 개구리를 비교하는 벤다이어그램 만들기

08. 브레인스토밍

브레인스토밍이란 문제 해결을 위해 아이디어를 생각해 내는 방법 중 하나로, 여러 사람이 다양한 아이디어를 자유롭게 제시하는 것이 특징이다.

캔바 첫 화면에서 브레인스토밍을 검색한 후 마음에 드는 템플릿을 선택한다.

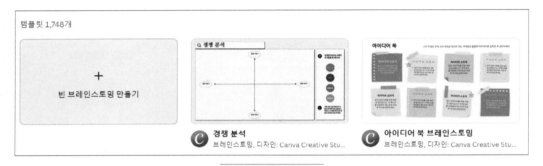

[그림 5-43] 브레인스토밍 템플릿 선택

템플릿 그대로 사용해도 될 정도로 훌륭하다. 제목을 바꾼 후 소속과 이름을 쓰라는
문구를 추가한다.

[그림 5-44] 제목과 안내 문구 수정

인원이 많을 경우에는 페이지를 복사한 후 포스트잇 색상을 바꾸기만 하면 된다.

[그림 5-45] 페이지 복사 후 포스트잇 색상 수정

6

SNS 인플루언서 되기

01. 이미지 편집

캔바에는 다양한 이미지 편집 기능이 있다. 이미지 편집만 잘해도 평범한 사진이 판매가 가능할 정도의 훌륭한 사진으로 변신할 수 있다. 편집 화면에서 이미지를 불러와 편집할 수도 있지만, 홈 화면에서도 소셜미디어 업로드용 이미지 편집을 손쉽게 할 수 있다. 소셜미디어 - 이미지 편집에 마우스를 가져가면 업로드 메뉴를 확인할 수 있으며, 내 컴퓨터에서 사진을 바로 업로드할 수도 있다.

[그림 6-1] 소셜미디어 - 이미지 편집 - 업로드

[그림 6-2] 이미지를 업로드한 결과

도구 - 배경 제거 도구를 선택하면 이미지의 배경을 삭제할 수 있다.

[그림 6-3] 이미지 배경 제거

필터 - 모두 보기를 선택해서 다양한 필터를 적용해 보자. 하나의 필터를 선택하면 강도를 조절할 수 있다. 디자인에 사용하기를 선택한 후 저장을 클릭한다.

[그림 6-4] 필터 적용

02. 인스타그램

2-1 인스타그램 게시물

소셜미디어 - Instagram 게시물(정사각형)을 선택한다.

[그림 6-5] Instagram 게시물(정사각형) 선택

추천 템플릿[1]에서 원하는 디자인을 선택한 후 편집을 해보자.

[그림 6-6] 인스타그램 게시물 템플릿 선택

---

1) 캔바의 업데이트 적용 여부에 따라 왼쪽 메뉴 바의 구성이 다르게 보인다. 첫 번째 메뉴가 추천 템플릿이라면 아직 업데이트가 적용되지 않은 상태이다. 디자인이면 최신 업데이트가 적용된 결과이다.

이미지를 지우고 요소에서 '비건 샐러드'라고 검색한 후 적절한 이미지를 선택한다. 텍스트 내용과 글꼴도 바꿀 수 있다.

[그림 6-7] 템플릿 편집 결과

디자인 - 스타일 - 조합 섹션을 이용하여 디자인을 바꿀 수도 있다. Gaegu Light를 선택하면 아래와 같이 배경색과 글꼴이 바뀌는 것을 볼 수 있다.

[그림 6-8] 디자인 - 스타일 - 조합 적용

완성된 디자인을 다운로드하거나 바로 소셜미디어에 공유해 보자.

2-2 인스타그램 스토리

인스타그램 스토리는 매일의 일기처럼 사용하는 경우가 많다. 그러므로 자신의 기분과 그때의 감정을 표현하는 이미지를 캔바에서 편집한 후 손쉽게 추가할 수 있다. 여기서는 다른 사람의 생일을 축하하는 카드의 역할을 하는 인스타그램 스토리를 만들어 보도록 하자.

소셜미디어 - Instagram 스토리를 선택한다.

[그림 6-9] Instagram 스토리 선택

메뉴 바의 추천 템플릿에서 '생일'을 검색한 후 마음에 드는 템플릿을 선택한다.

[그림 6-10] 원하는 내용 검색 후 템플릿 선택

사진 부분을 더블클릭하면 다음과 같이
투명한 네모 박스가 생긴다. 여기에서
delete 키를 눌러 사진을 지운다.

[그림 6-11] 템플릿 사진 삭제

업로드 항목 - 파일 업로드를 선택한 후 내 컴퓨터에서 해당 파일을 가져와 템플릿에
적용한다.

[그림 6-12] 파일 업로드

텍스트를 사용하여 생일을 맞은 친구의 이름을
넣어 주고, 이미지 크기를 조정하면 바로 생일을
축하하는 인스타그램 스토리가 완성된다.

[그림 6-13] 완성된 인스타그램 스토리

2-3 인스타그램 릴스

　요즘은 숏폼의 시대다. 숏폼(short-form)은 1분 이하의 짧은 영상 콘텐츠를 뜻한다. 틱톡, 페이스북과 인스타그램의 릴스, 얼마 전 수익화를 시작한 유튜브의 숏폼이 대표적이다. 유튜브의 영상에 비하면 매우 짧지만 만들기도 쉽고 날 것(raw) 그대로의 생생함을 전달해 주며, 독특한 창의성이 묻어 나온다는 점에서 MZ 세대에 이어 알파 세대까지 폭발적인 인기를 얻고 있다. 또한 숏폼을 통해서 본인의 사업을 홍보할 수도 있다.

　인스타그램의 숏폼인 릴스를 캔바로 만들어 보자. 캔바의 템플릿을 사용한 릴스 제작은 이미지와 영상 두 가지가 있다. 먼저 이미지를 활용하여 비건 음식점을 홍보하는 인스타그램 릴스를 만들어 보자.

　소셜미디어 탭에서 아래쪽으로 내려와 Instagram - Instagram Reels를 선택한다.

[그림 6-14] Instagram Reels 선택

추천 템플릿에서 음식을 검색한 후 '특별
한 주말 프로모션' 템플릿을 선택한다.

[그림 6-15] 음식 관련 템플릿 선택

총 5개의 페이지가 있는데 모두 사용하려면 '모
든 5개 페이지에 적용'을 선택하면 된다. 일부만
사용하려면 원하는 페이지를 선택한다.

[그림 6-16] 모든 5개 페이지에 적용 선택

페이지에서 이미지를 지우고 요소에서 '비건 사진 세로'라고 검색하여 적당한 이미지나 사진을 각 페이지마다 추가한다. 캔바에서 만든 맛탐 로고도 모든 페이지 왼쪽 상단에 입력한다.

[그림 6-17] 페이지에 이미지와 로고 추가

각 페이지마다 주제에 알맞은 텍스트를 추가하고 색상을 바꾼다.

[그림 6-18] 텍스트 입력 및 색상 수정

다음 페이지로 넘어갈 때 필요한 전환 효과를 바꾸어 보자. 기존 템플릿에는 전환 효과가 이미 포함되어 있으며 화면 하단에 있는 페이지와 페이지 사이의 아이콘을 통해 확인할 수 있다.

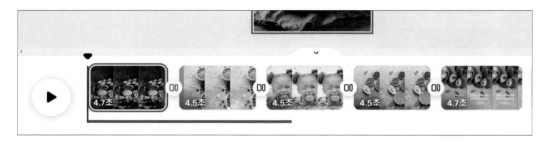

[그림 6-19] 전환 효과를 추가한 결과

전환 메뉴에서 디졸브를 선택하고 기간(초)는 그대로 둔 채 '모든 페이지에 적용'을 클릭한다.

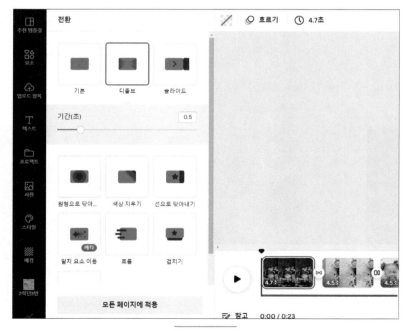

[그림 6-20] 전환 효과 선택 및 모든 페이지에 적용

이 템플릿에는 오디오도 추가되어 있는데, 페이지 하단에 있는 보라색 줄이 오디오가 추가되었음을 알려준다.

[그림 6-21] 추가된 오디오

오디오를 선택하고 오른쪽 끝 점 세 개를 클릭하면 오디오 설정 메뉴가 보인다. 오디오 길이와 복제, 삭제 및 볼륨을 조절할 수 있다. 현재 오디오가 3페이지까지 일부만 반영되어 있다. 오른쪽 끝부분을 마우스로 잡고 끝까지 드래그하면 오디오가 전체 페이지에 반영된다.

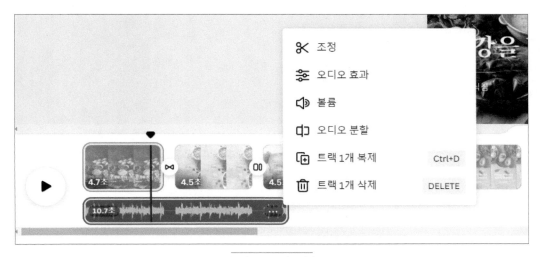

[그림 6-22] 오디오 설정

완성된 비건 음식점 맛탐을 소개하는 인스타그램 릴스를 확인해 보자!

[그림 6-23] 인스타그램 릴스 템플릿으로 만든 영상

이번에는 영상을 활용하여 인스타그램 릴스를 만들어 보자. Instagram - Instagram Reels를 선택하면 빈 템플릿이 열린다. 음식이라고 검색한 후 PIZZA TIME 템플릿을 선택한다.

[그림 6-24] 음식 관련 템플릿 선택

텍스트를 수정하고, 맛탐 로고를 오른쪽 상단에 입력한다. 1분 만에 인스타그램 릴스가 완성되었다.

[그림 6-25] 완성된 인스타그램 릴스

03. 페이스북

3-1   페이스북 게시물

소셜미디어 - Facebook - Facebook 게시물(가로)을 선택한다.

[그림 6-26] Facebook 게시물(가로) 선택

세계 비건의 날을 홍보하는 게시물을 만들어 보자. 추천 템플릿에서 비건을 검색한 후 마음에 드는 템플릿을 선택한다.

[그림 6-27] 원하는 템플릿 선택

템플릿의 이미지들을 지우고, 요소에서 돼지를 검색하여 적당한 이미지를 추가한다. 텍스트도 주제에 알맞게 수정한다.

[그림 6-28] 템플릿의 이미지, 텍스트 수정

완성된 페이스북 게시물을 캔바에서 바로 페이스북에 게시해 보자. 공유 - Facebook 페이지를 선택한다.

[그림 6-29] Facebook 페이지

Facebook 페이지에 디자인을 바로 게시할 수 있는 메뉴인 Facebook 연결을 선택한 후, 자신의 Facebook 계정과 연결하면 캔바에서 바로 Facebook 게시물을 업로드할 수 있다.

[그림 6-30] 캔바에서 자신의 Facebook 계정 연결

3-2 페이스북 커버

페이스북 커버는 집으로 비유하면 대문과 같다. 페이스북에서 나의 계정을 클릭하면 가장 먼저 보이는 것이 페이스북 커버이다. 유튜브의 채널 배너와 비슷한 개념이다. 페이스북 커버를 통해 나의 세계관을 보여 주자.

소셜미디어 - Facebook - Facebook 커버를 선택한다. 추천 템플릿에서 비건을 검색한 후 원하는 템플릿을 선택한다.

[그림 6-31] 원하는 템플릿 선택

요소에서도 비건으로 검색한 후 원하는 이미지를 선택한다.

[그림 6-32] 원하는 이미지 선택 및 추가

이미지의 색상을 바꿔 보자. 초록색 이미지를 클릭하면 왼쪽 상단에 이미지에 사용된 색상이 표시된다.

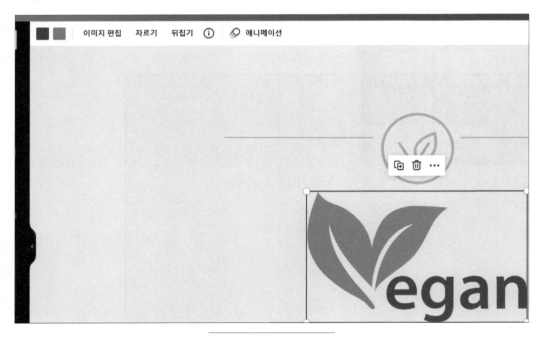

[그림 6-33] 이미지에 사용된 모든 색상 보기

　　표시된 색상을 하나씩 클릭하면 왼쪽 메뉴에 색상표가 뜬다. 바꾸고 싶은 색상을 클릭하면 자동으로 이미지의 색상이 바뀐다. 이런 식으로 초록과 연두색을 브라운 핑크색으로 바꾸어 보자.

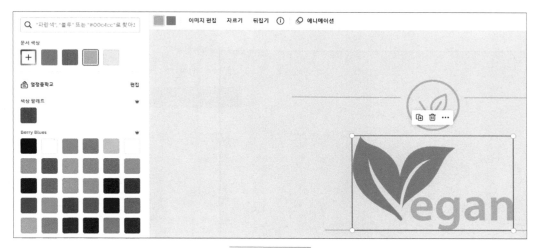

[그림 6-34] 이미지의 색상 바꾸기

　　템플릿에 포함된 텍스트까지 수정하면 페이스북 커버가 완성된다.

[그림 6-35] 완성된 페이스북 커버

완성된 커버도 공유 - 소셜미디어에 공유 기능을 통해 연결된 페이스북으로 바로 업로드할 수 있다.

[그림 6-36] 소셜 미디어에 공유

04. 유튜브

유튜브 썸네일은 영상의 첫인상이자 간판이다. 썸네일에서 영상 주제에 맞게 핵심만을 콕 집어 표현하면 사람들의 관심을 끌 수 있다. 유튜브 썸네일을 내 손으로 만들어 보자.

소셜미디어 - 인기 - YouTube 썸네일을 선택한다.

[그림 6-37] YouTube 썸네일 선택

추천 템플릿에서 '건강식'을 검색하여 원하는 템플릿을 선택한다.

[그림 6-38] 건강식 관련 템플릿 선택

음식과 관련된 콘텐츠의 경우 유튜브 썸네일은 영상에 나오는 음식의 실제 사진을 올리는 것을 추천한다. 사람들이 실제 사진을 보면 자신도 이런 음식을 만들 수 있다는 생각이 더 강하게 들 것이다. 여기서는 요소에 나오는 실제 사진으로 만들어 보자. 먼저 템플릿에 있던 음식 사진을 지우고, 요소에서 '비건 음식'을 검색한 후 원하는 사진을 업로드한다.

[그림 6-39] 실제 음식 사진 업로드

배경을 지우고 음식 사진만 남겨 보자. 배경이 제거된 음식 사진은 음식이 부각되어 보이고 좀 더 먹음직스럽게 보일 수 있다. 사진을 선택한 후 이미지 편집 - 배경 제거 도 구를 이용하여 배경을 제거한다.

[그림 6-40] 음식 사진 배경 제거

배경이 제거된 음식 사진의 크기를 조절한다.

[그림 6-41] 음식 사진 크기 조절

눈에 확 띄는 내용으로 텍스트를 수정해 보자. 유튜브 썸네일의 텍스트는 사람들의 관심을 끌면서 영상의 내용을 추측할 수 있는 간단한 어구가 좋다. 저자의 경우는 '왕초보', '3분 만에', '기초' 등 쉬우면서도 빨리 잘할 수 있다는 자신감을 주는 문구를 즐겨 사용한다. 나머지 불필요한 이미지들은 제거한다.

[그림 6-42] 텍스트 수정 및 이미지 삭제

배경을 두 개로 나누어 대조되는 색깔로 배치하면 썸네일을 돋보이게 만들 수 있다. 요소 - 선 및 도형에서 사각형을 선택한 후 추가한다.

[그림 6-43] 사각형 추가

사각형을 선택하면 사각형 밑에 회전 모양의 아이콘이 생긴다. 이를 마우스로 드래그하여 도형을 회전시키고, 사각형 모서리를 드래그하여 크기를 조절한 후 적절하게 배치한다.

[그림 6-44] 사각형 회전 및 크기 조절

배경과 도형을 대조가 되는 색깔로 바꾸고 텍스트 색깔도 배경에 어울리게 바꾼다. 수정이 완료되면 사각형을 음식 사진 뒤로 보내자. 사각형을 선택한 후 마우스 오른쪽을 클릭하여 뒤로 보내기를 선택한다.

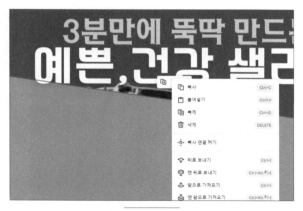

[그림 6-45] 뒤로 보내기

[그림 6-46] 음식 사진이 앞으로 나온 결과

음식 사진 옆에 음식을 맛있게 먹는 사람의 사진을 추가해 보자. 좀 더 사실감과 신뢰를 주기 위해서는 제작자 본인의 사진을 추가하는 것이 가장 좋지만, 얼굴 노출이 꺼려진다면 캔바 사진을 사용해도 좋다. 요소에서 'yummy'로 검색한 후 원하는 인물 사진을 선택하고, 앞에서 배운 대로 배경을 제거해 보자.

[그림 6-47] 인물 사진 추가

마지막으로 '3분'이라는 말을 강조해 보자. 요소에서 'mark'라고 검색한 후 강조 표시를 선택한다.

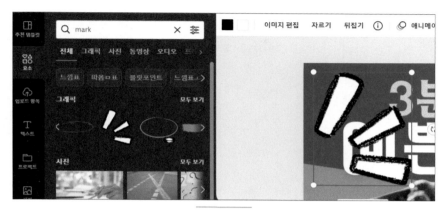

[그림 6-48] 강조 표시 추가

강조 표시를 회전하고 크기를 작게 만들면 텍스트 옆에 위치시킬 수 있다. '뒤로 보내기'를 선택하여 앞뒤 순서를 맞추고 색깔도 바꾸어 보자.

[그림 6-49] 유튜브 썸네일 완성본

캔바로 만든 영상이나 유튜브 썸네일은 별도의 출처 표기 없이도 상업적 이용이 가능하다. 단, 캔바 계정에 연결된 유튜브 계정을 사용하여 업로드해야 한다. (CHAPTER 1의 05. 저작권 내용 참조)

4-2 유튜브 인트로

유튜브 인트로는 자신의 채널을 소개하는 짧은 영상이다. 더 길어지면 지루하게 느껴질 수 있으므로 5초 이내로 만드는 것이 좋다.

소셜미디어 - 인기 - YouTube 인트로를 선택한다.

[그림 6-50] YouTube 인트로 선택

추천 템플릿에서 '음식'을 검색하여 원하는 템플릿을 선택한다.

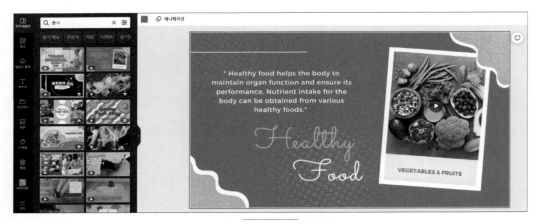

[그림 6-51] 음식 관련 템플릿 선택

템플릿의 동영상을 삭제하고 요소 - 동영상에서 '음식'을 검색한 후 원하는 동영상을
추가한다.

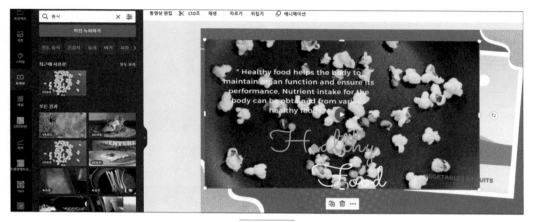

[그림 6-52] 음식 동영상 추가

만약 동영상 섹션이 보이지 않는다면 왼
쪽 메뉴 제일 아래에 나오는 앱 메뉴에서
확인할 수 있다.

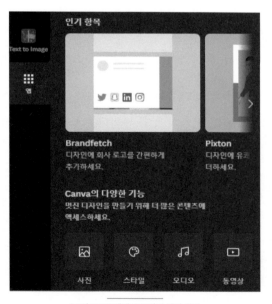

[그림 6-53] 앱에서 동영상 섹션 찾기

선택한 동영상을 프레임으로 드래그하여 중앙으로 가져가면 자동으로 입력된다.

[그림 6-54] 동영상을 프레임 안에 넣기

텍스트를 삭제하거나 수정하고, 글꼴을 변경한다.

[그림 6-55] 텍스트 수정 및 글꼴 변경

영상에 오디오를 추가해 보자. 오디오 탭에서 원하는 음악을 클릭하면 인트로 페이지 아랫부분에 음악이 표시된다.

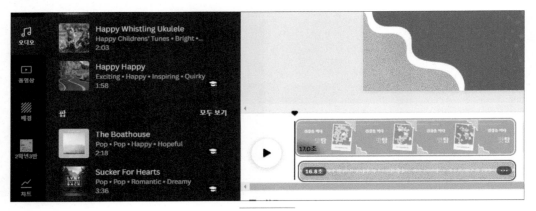

[그림 6-56] 오디오 삽입

인트로 영상과 음악을 5초로 단축하자. 영상과 음악 둘 다 끝부분에 마우스를 갖다 대면 전체 길이 표시와 함께 길이를 조절할 수 있는 화살표가 나타난다. 화살표를 클릭하여 왼쪽으로 드래그해서 5초로 맞추자.

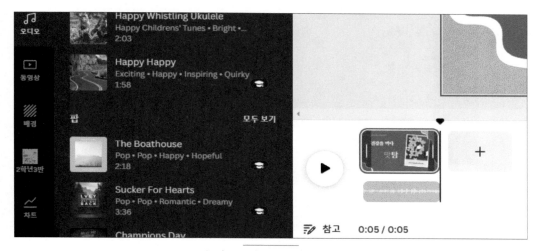

[그림 6-57] 영상과 오디오 길이 단축

음악은 갑자기 뚝 끊기면 어색하므로 끝부분을 자연스럽게 끝내도록 할 수 있다. 오디오를 선택하면 끝부분에 나오는 점 세 개를 클릭하여 '오디오 효과'를 선택한다.

[그림 6-58] 오디오 효과

화면 왼쪽 상단에 나타나는 오디오 효과 메뉴에서 페이드아웃에 숫자 2를 입력한다. 음악이 끝나기 전 2초간 볼륨이 서서히 줄어드는 효과이다.

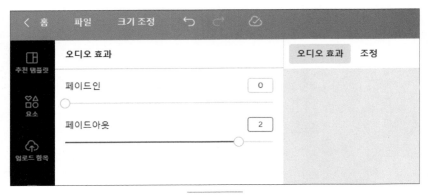

[그림 6-59] 페이드아웃 효과 적용

노란색의 오디오 부분 왼쪽에 재생 버튼을 클릭하면 완성된 인트로를 확인할 수 있다.

[그림 6-60] 완성된 인트로 재생

완성된 결과물을 확인해 보자!

[그림 6-61] 유튜브 인트로 템플릿으로 만든 영상

4-3　유튜브 배너

　유튜브 배너는 유튜브 채널의 대문에 해당한다. 채널로 들어오면 가장 먼저 눈에 띄는 것이 배너이다. 유튜브 배너는 간단하면서도 이 채널의 특징을 한눈에 볼 수 있게 만드는 것이 좋다. 저자의 경우 채널명 위에 구글 혁신가(이노베이터)라는 것을 부각시켜 이 채널을 통해 구글 도구 활용 수업을 소개한다는 것을 보여 주고 있다.

[그림 6-62] 저자의 유튜브 채널 배너

　나만의 유튜브 채널 배너를 만들어 보자. 소셜미디어 - 인기 - Youtube 배너를 선택한다.

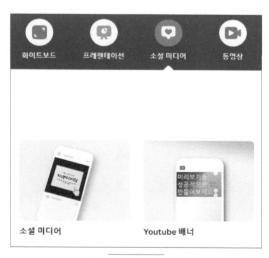

[그림 6-63] YouTube 배너 선택

추천 템플릿에서 원하는 템플릿을 선택한다.

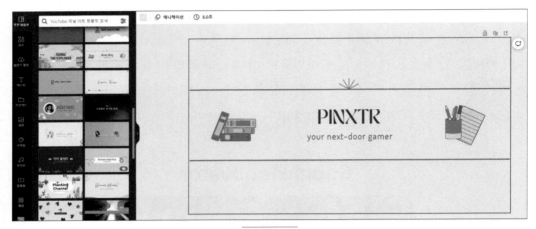

[그림 6-64] 유튜브 배너 템플릿 선택

가운데 위치한 텍스트를 삭제하고 맛탐 로고를 추가한다.

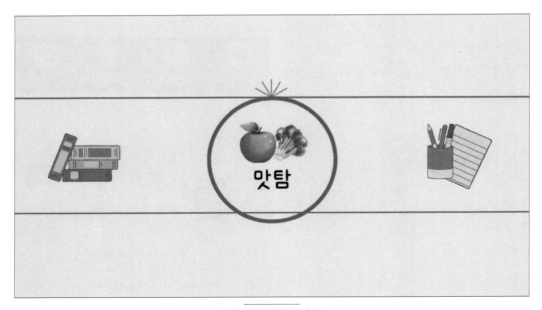

[그림 6-65] 맛탐 로고 추가

　다른 이미지를 삭제하고 배경색을 연한 노란색으로 바꾸어 보자. 배경을 선택한 후 문서 색상 아래 +를 클릭한다.

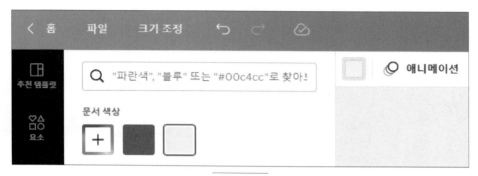

[그림 6-66] 문서 색상 메뉴

　여러 가지 색상 중에서 원하는 색깔을 선택한다.

[그림 6-67] 배경 색상 선택하기

　단순하면서도 깔끔한 유튜브 배너가 완성되었다.

[그림 6-68] 완성된 유튜브 배너

05. 틱톡 동영상

여러 매체에서 숏폼 형태의 동영상을 서비스하고 있지만 숏폼의 1위 플랫폼은 역시 틱톡이다. 캔바에서도 틱톡 영상을 손쉽게 만들어 업로드해 보자.

소셜 미디어 - 인기 - TikTok 동영상을 선택한다.

[그림 6-69] TikTok 동영상 선택

추천 템플릿에서 원하는 템플릿을 선택한다.

[그림 6-70] 템플릿 선택

선택한 템플릿은 총 4개의 영상으로 이루어져
있다. '모든 4개 페이지에 적용'을 선택한다.

[그림 6-71] 모든 4개 페이지에 적용

비건 음식을 홍보하는 틱톡 영상을 만들어 보자. 첫 번째 페이지에서는 필요 없는 이
미지를 삭제하고 텍스트를 수정한 후 글꼴을 바꾼다. 요소에서 '귀여운 스티커'를 검색
하여 원하는 스티커를 추가한다.

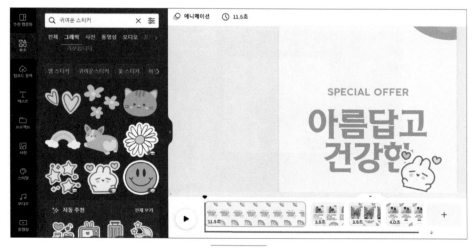

[그림 6-72] 스티커 추가

스티커 위에서 마우스 오른쪽을 클릭하여 '뒤로 보내기'를 선택한 후 스티커를 글자 뒤
로 보낸다.

[그림 6-73] 스티커 뒤로 보내기

두 번째 페이지는 템플릿의 영상을 삭제하고 GIPHY를 추가해 보자. GIPHY는 움직이
는 이미지로서 영상에 좀 더 생생한 느낌을 줄 수 있다. 왼쪽 하단 메뉴에서 GIPHY를 선
택한다. 메뉴가 보이지 않으면 하단의 앱을 선택하여 찾을 수 있다.

[그림 6-74] GIPHY

　검색창에 'vegan'을 입력한 후 원하는 것을 선택한다. 이때 한글보다는 영어로 입력하면 좀 더 다양한 결과를 확인할 수 있다.

[그림 6-75] vegan 관련 GIF 삽입

　세 번째와 네 번째 페이지에도 비건 음식과 식사에 관한 이미지나 사진을 추가해 보자. 요소에서 '과일 샐러드'와 '먹기'를 검색하고 원하는 그래픽이나 사진을 추가한다.

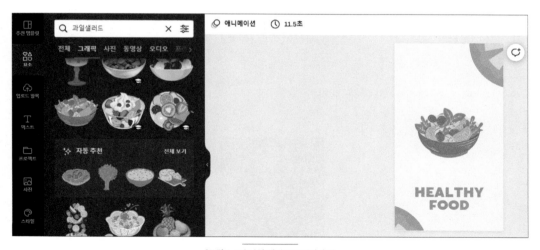

[그림 6-76] 과일 샐러드 그래픽 추가

화면 하단에 있는 각각의 페이지마다 끝부분을 드래그하여 영상의 길이를 조절해 보자.

[그림 6-77] 영상 길이 조절

이 틱톡 동영상 템플릿에는 오디오도 포함되어 있으므로 영상의 길이에 맞게 조절한다.

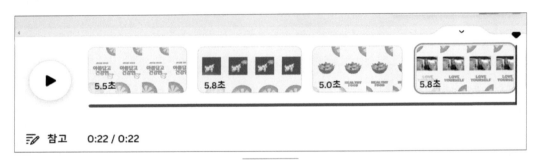

[그림 6-78] 오디오 길이 조절

완성된 틱톡 동영상을 확인해 보자!

[그림 6-79] 틱톡 동영상 템플릿으로 만든 영상

06. 트위터 게시물

우리나라와 비교했을 때 해외에서는 트위터를 상대적으로 많이 사용한다. 미국의 대통령과도, 바티칸의 교황과도 친구가 될 수 있으며, 그들이 방금 업로드한 따끈따끈한 소식도 바로 확인할 수 있다. 트위터의 정보는 우리나라보다 빠른 경우도 꽤 있다. 저자의 경우 캔바의 최신 업데이트를 확인하기 위해 트위터를 자주 이용한다. 캔바를 활용하여 트위터 게시물을 만들어 보자.

소셜미디어 - Twitter 게시물을 선택한다.

[그림 6-80] Twitter 게시물 선택

추천 템플릿에서 원하는 템플릿을 선택한다.

[그림 6-81] 원하는 트위터 템플릿 선택

'크롬북 사용자들을 위한 10가지 팁'이라는 주제의 트위터 게시물을 만들어 보자. 크롬북과 관련된 내용으로 텍스트를 수정하고 글꼴을 바꾼다. 이미지는 템플릿 그대로 사용한다.

[그림 6-82] 완성된 트위터 게시물

캔바에서 바로 트위터 게시물을 업로드해 보자. 공유 - Twitter를 선택한다.

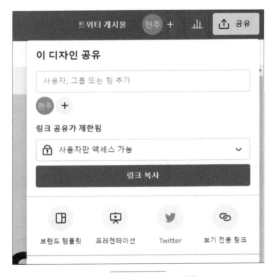

[그림 6-83] 공유 - Twitter 선택

캔바에 연결된 트위터 계정을 확인할 수 있다. 지금 게시를 선택한다.

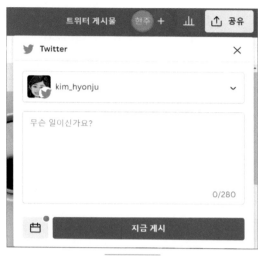

[그림 6-84] 지금 게시 메뉴

'게시물이 게시되었습니다!'라는 문구가 보인다. 그 아래 게시 기록 보기를 선택한다.

[그림 6-85] 게시 기록 보기

　게시 기록에서는 콘텐츠 플래너를 확인할 수 있는데, 캔바를 통해 업로드했거나 할 예정인 SNS 게시 기록을 볼 수 있다. 아래 그림에서 보라색으로 표시된 2월 16일 날짜와 함께 방금 업로드한 트위터 게시물을 확인할 수 있다.

[그림 6-86] 게시 기록의 콘텐츠 플래너

트위터로 가서 캔바에서 업로드한 게시물을 확인해 보자.

[그림 6-87] 트위터에서 게시물 확인

7

AI를 비서처럼, 메타버스를 내 손으로 빌딩하기

01. 나는 말하고 AI는 그림 그리기

OpenAI에 DALLE-3가 있다면 캔바에는 Magic Media가 있다. 캔바의 Magic Media는 생성형 AI(Generative Artificial Intelligence)로서 사람이 입력하는 문장에 따라 그림이나 영상을 만들어 준다. 이미 그림을 그려주는 AI 도구들은 많이 있지만, 캔바의 Magic Media만이 갖고 있는 장점이 있다.

[그림 7-1] 캔바의 Magic Media

캔바의 Magic Media는 초보자들이 AI 드로잉을 쉽게 시작할 수 있도록 그림 스타일의 종류를 선택할 수 있고, SNS와의 연계성을 고려해 가로세로 비율을 고를 수 있다. 또한 AI가 그린 그림을 한 번에 4개씩 확인할 수 있고, '다시 생성하기'를 통해 마음에 드는 그림이 나올 때까지 같은 주제로 계속 생성할 수 있다. 무엇보다도 Magic Media의 가장 큰 장점은 생성된 이미지를 캔바의 여러 템플릿들과 바로 연계할 수 있다는 점이다.

Magic Media를 활용하여 디자인을 만들어 보자. 캔바 첫 화면에서 디자인 만들기 - 프레젠테이션을 선택한다.

[그림 7-2] 디자인 만들기 - 프레젠테이션

메뉴 바에서 앱 - Magic Media를 선택한다. 만약 해당 기능이 없는 경우 앱을 선택하면 Magic Media를 찾을 수 있다.

[그림 7-3] Magic Media 기능

상단에 텍스트 입력란이 있는데, Magic Media 는 한국어로도 사용 가능하지만 영어를 더 잘 인식하는 경향이 있다. 자전거를 타고 있는 비 글 강아지를 영어로 입력해 보자.

[그림 7-4] 영어 텍스트 입력

스타일은 개념 미술, 가로세로 비율은 정사각형을 선택한 후 이미지 생성을 클릭한다.

[그림 7-5] 스타일 - 개념 미술

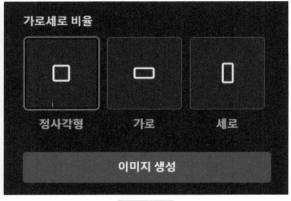

[그림 7-6] 가로세로 비율 - 정사각형

몇 초 후에 4개의 이미지가 생성되었다. 같은 주제로 더 생성하고 싶으면 '다시 생성하기'를 선택하면 된다.

[그림 7-7] AI가 그린 4장의 이미지

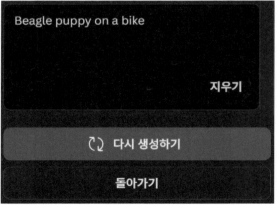

[그림 7-8] 다시 생성하기

만들어진 이미지 중 마음에 드는 것을 골라 프레젠테이션에 추가해 보자.

[그림 7-9] 프레젠테이션에 이미지 추가

02. AI로 패턴 이미지 제작 후 판매하기

패턴 이미지는 각종 이미지 판매 사이트에서 인기 품목 중 하나이다. 캔바의 Magic Media를 사용하여 패턴 이미지를 만든 후 인스타그램으로 판매할 수 있다. 캔바 첫 화면에서 디자인 만들기를 선택한 후 맞춤형 크기를 가로세로 각각 1,000픽셀로 맞춘다.

Magic Media 입력창에 pattern of fruits를 입력한 후 가로세로 비율은 정사각형을 선택하여 이미지 생성을 클릭한다.

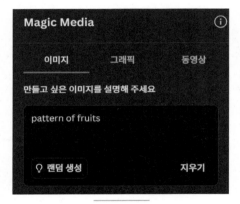

[그림 7-10] pattern of fruits 입력

[그림 7-11] 스타일 - 없음

[그림 7-12] 가로세로 비율 - 정사각형

4가지의 과일 패턴 이미지가 생성되었다. 그중에서 하나를 선택해 보자.

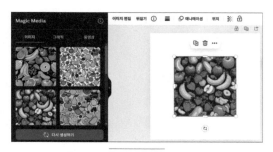

[그림 7-13] 과일 패턴 이미지 4개 중 한 개 선택

선택한 이미지의 꼭짓점을 드래그하여 페이지에 맞춘다.

[그림 7-14] 페이지 채우기

페이지 추가를 선택하여 나머지 세 개의 이미지들도 페이지에 추가한 후 이미지를 페이지 크기에 각각 맞춘다.

[그림 7-15] 다른 이미지 추가

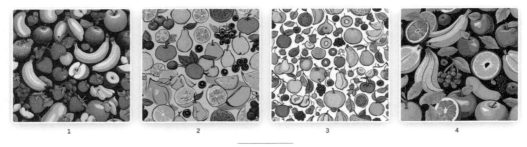

[그림 7-16] 완성된 패턴 이미지들

이런 식으로 원하는 입력문을 Magic Media에 넣어 다양한 패턴 이미지들을 만들 수 있다.

[그림 7-17] patterns of snowflakes   [그림 7-18] patterns of umbrellas

03. ChatGPT로 SNS 게시물 대량 제작하기

　ChatGPT를 활용하여 만든 텍스트로 캔바에서 이미지를 생성한 후 SNS에 업로드해 보자. 특히 캔바에는 대량 제작하기라는 편리한 기능이 있어서 많은 양의 게시물을 30초만에 생성할 수 있다.

　인스타그램에 매일 업로드할 다른 내용의 영화 문구 게시물 10개를 만들어 보자. 크롬 검색창에서 chatgpt라고 검색한 후 openai.com 링크를 클릭한다.

[그림 7-19 ChatGPT 접속]

OpenAI 홈 화면 중간에 있는 Start now를 클릭하여 회원 가입을 한다.

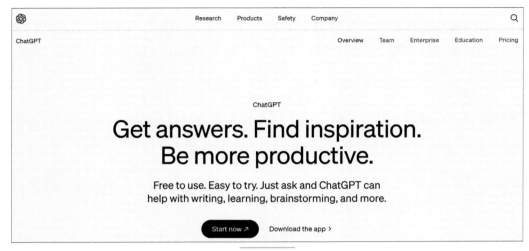

[그림 7-20] OpenAI 홈 화면 ChatGPT 메뉴

ChatGPT의 입력창은 화면 중앙 하단에 있다.

[그림 7-21] ChatGPT 입력창

입력창에 다음과 같이 입력한다. 이때 주의할 점은 결과가 반드시 표로 제시되도록 명령을 내려야 한다. 캔바의 대량 제작을 위해서는 표 형태의 데이터가 필요하기 때문이다.

입력: 한국 영화 중에서 감동적인 대사를 10개 표에 써줘.

결과는 다음과 같이 나온다.

좋습니다! 아래는 대사와 영화제목을 함께 적은 표입니다.

대사	영화제목
"우리는 서로를 아는 것이 중요하지. 그것이 사랑인 것 같아."	올드보이 (Oldboy, 2003)
"가장 무서운 것은 우리 자신의 무지야."	굿모닝 프레지던트 (Good Morning President, 2009)
"아무리 어려운 상황이라도, 기회가 있는 한 해보자."	국가대표 (Take Off, 2009)
"나쁜 일이 생기면 그것이 끝이 아니다. 계속해서 나쁜 일은 생길 수 있다. 그러니 또 일어날 일에 대비해야 한다."	매드독 (Mad Dog, 2015)
"당신의 마음에서 빛을 내어 나아가면, 당신이 가야할 길을 찾을 수 있을 거야."	마녀 (The Witch: Part 1. The Subversion, 2018)
"한 사람을 사랑하는 것은 쉬운 일이지만, 그 사람과 함께하는 것은 어려운 일이다."	비열한 거리 (A Dirty Carnival, 2006)
"사람이 꿈을 꾸는 건 그것이 실현될 수 있다는 증거야."	괴물 (The Host, 2006)
"삶이란 건 시간의 문제이다. 시간을 잘 보내면 그것이 삶이다."	노무현과 바보들 (The President's Barber, 2004)
"너무 늦기 전에, 내가 좋은 사람이 되고 싶다."	스윙키즈 (Swing Kids, 2018)
"인간은 다른 인간을 이해할 수 없어도, 인간은 인간을 믿을 수 있어야 한다."	인천상륙작전 (Operation Chromite, 2016)

[그림 7-22] ChatGPT 결과

마우스로 드래그하여 표 전체를 복사한다.

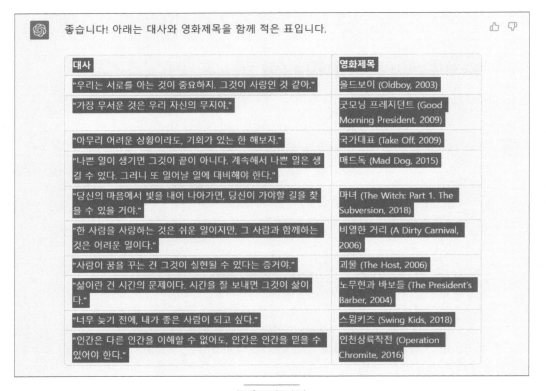

[그림 7-23] 표 복사

이제 캔바의 첫 화면에서 인스타그램을 검색한 후 원하는 템플릿을 선택한다.

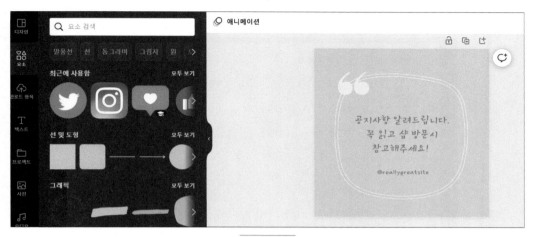

[그림 7-24] 인스타그램 템플릿 선택

메뉴 바에서 아래에 있는 대량 제작하기 메뉴를 선택한 후 데이터 수동 입력을 클릭한다. 만약 해당 기능이 없는 경우 앱을 선택하여 찾을 수 있다. 참고로 대량 제작하기는 캔바 유료 버전에서 사용이 가능하다.

[그림 7-25] 대량 제작하기 - 데이터 수동 입력 선택

데이터 추가 팝업이 뜨면 왼쪽 상단 이름 부분에 마우스 오른쪽을 클릭하고 붙여넣기를 선택한다.

[그림 7-26] 데이터 추가에서 붙여넣기 선택

다음과 같이 ChatGPT에서 복사했던 내용을 그대로 붙여넣기 할 수 있다. 오른쪽 하단에 있는 완료를 선택한다.

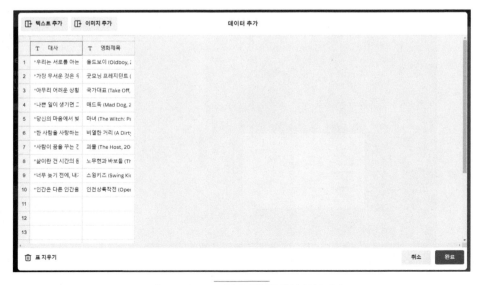

[그림 7-27] ChatGPT에서 복사한 내용을 붙여 넣은 결과

아래와 같이 2개의 데이터 필드가 인식되었음을 확인할 수 있다.

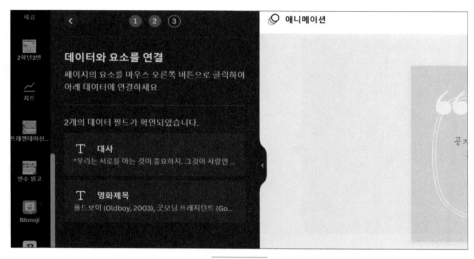

[그림 7-28] 인식된 데이터 필드 결과

템플릿의 첫 번째 텍스트에 마우스를 갖다 댄 후 마우스 오른쪽을 클릭하여 데이터 연결을 선택한다. 대사와 영화 제목 중 대사를 선택한다.

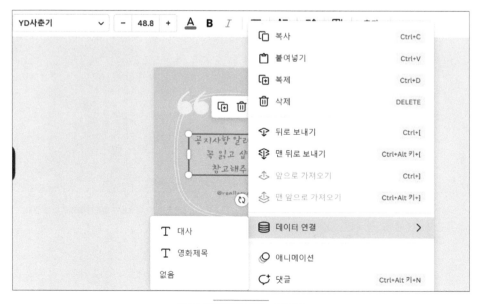

[그림 7-29] 데이터 연결 - 대사 선택

다음과 같이 데이터 필드 중 대사에 체크가 되면서 첫 번째 텍스트가 대사로 바뀐 것을 확인할 수 있다.

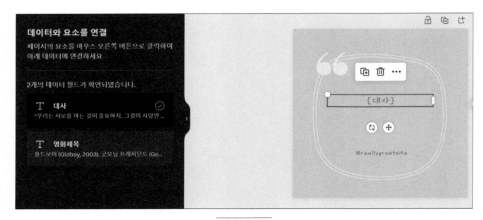

[그림 7-30] 첫 번째 텍스트가 대사로 바뀐 결과

이번에는 템플릿의 두 번째 텍스트에 마우스 오른쪽을 클릭하여 데이터 연결 - 영화 제목을 순서대로 선택한다. 두 번째 텍스트가 영화제목으로 바뀐 것을 확인할 수 있다.

[그림 7-31] 데이터 연결에서 영화제목 선택

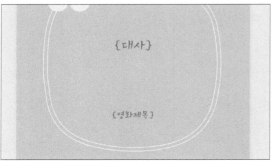

[그림 7-32] 두 번째 텍스트가 영화제목으로 바뀐 결과

화면 왼쪽 아래에 있는 계속을 선택한다.

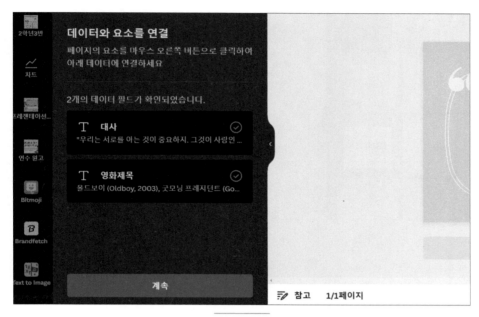

[그림 7-33] 계속 선택

데이터 적용 페이지로 바뀌면서 데이터 가 연결된 내용을 확인할 수 있다. 아래의 페이지 생성을 선택한다.

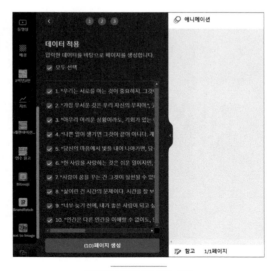

[그림 7-34] 페이지 생성 선택

템플릿의 텍스트 부분에 대사와 영화 제목이 자동으로 입력되었다.

[그림 7-35] 데이터 적용 결과

10개의 데이터가 한꺼번에 다 적용된 것을 볼 수 있다. 이렇게 ChatGPT와 캔바를 활용하여 순식간에 만든 10개의 게시물을 매일 하나씩 자신의 인스타그램에 게시해 보자.

[그림 7-36] 영화대사와 제목이 입력된 캔바 인스타그램 결과물

04. ChatGPT로 일주일 운동 점검표 만들기

ChatGPT는 내 비서처럼 요청한 정보를 빠르게 모아 준다. ChatGPT로 정보를 생성한 후 캔바로 나의 건강을 위한 일주일 자체 운동 점검표를 만들어 보자.

ChatGPT에 다음과 같이 입력한다.

입력: 일주일 간 집에서 가볍게 할 수 있는 스트레칭을 월요일부터 일요일까지 하나씩 말해줘. 표로 만들되 열을 하나 더 추가해서 운동을 했는지 여부를 확인할 수 있는 체크박스를 만들어줘.

결과는 다음과 같이 나온다.

앞서 답변해 드린 내용과 중복되므로, 다른 일주일간의 스트레칭 루틴을 제시해 드리겠습니다.

요일	스트레칭 종류	체크박스
월요일	전신 스트레칭	[ ]
화요일	하체 스트레칭	[ ]
수요일	어깨 스트레칭	[ ]
목요일	코어 스트레칭	[ ]
금요일	상체 스트레칭	[ ]
토요일	스트레칭 루틴 변경 또는 하루 쉬기	[ ]
일요일	스트레칭 루틴 변경 또는 하루 쉬기	[ ]

[그림 7-37] ChatGPT 결과

마우스로 드래그하여 표 전체를 복사한 후 캔바에서 빈 프레젠테이션을 열어 붙여넣기를 한다. 체크박스까지 그대로 복사가 된 것을 확인할 수 있다.

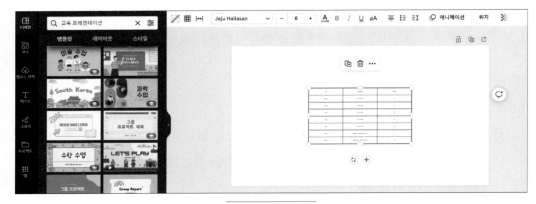

[그림 7-38] 캔바 빈 프레젠테이션에 표 붙여넣기

표가 통째로 붙여넣기 되었지만 크기가 너무 작다. 표 양쪽 끝을 드래그하여 페이지를 꽉 채울 수 있도록 크기를 키운다.

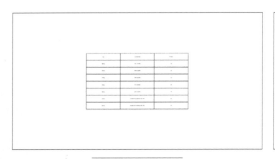

[그림 7-39] 표 크기 키우기 전

[그림 7-40] 표 크기 키운 후

전체 표를 클릭하면 테두리에 보라색이 생긴다. 그 상태에서 글자 크기를 키우고 표 안의 세로선을 각각 선택하여 열 간격을 조절한다.

요일	스트레칭 종류	체크박스
월요일	전신 스트레칭	[ ]
화요일	하체 스트레칭	[ ]
수요일	어깨 스트레칭	[ ]
목요일	코어 스트레칭	[ ]
금요일	상체 스트레칭	[ ]
토요일	스트레칭 루틴 변경 또는 하루 쉬기	[ ]
일요일	스트레칭 루틴 변경 또는 하루 쉬기	[ ]

[그림 7-41] 글자 확대

요일	스트레칭 종류	체크박스
월요일	전신 스트레칭	[ ]
화요일	하체 스트레칭	[ ]
수요일	어깨 스트레칭	[ ]
목요일	코어 스트레칭	[ ]
금요일	상체 스트레칭	[ ]
토요일	스트레칭 루틴 변경 또는 하루 쉬기	[ ]
일요일	스트레칭 루틴 변경 또는 하루 쉬기	[ ]

[그림 7-42] 열 간격 조절

글꼴, 테두리 색깔 등을 수정하고 요소 등을 추가해서 운동 점검표를 꾸며 보자.

요일	스트레칭 종류	체크박스
월요일	전신 스트레칭	[ ]
화요일	하체 스트레칭	[ ]
수요일	어깨 스트레칭	[ ]
목요일	코어 스트레칭	[ ]
금요일	상체 스트레칭	[ ]
토요일	스트레칭 루틴 변경 또는 하루 쉬기	[ ]
일요일	스트레칭 루틴 변경 또는 하루 쉬기	[ ]

[그림 7-43] 완성된 운동 점검표

05. 메타버스 우주 배경과 세계 지도 만들기

　캔바에서는 메타버스 배경도 쉽게 만들 수 있다. 우주와 세계 지도 배경을 만들어 보자. 캔바 첫 화면에서 디자인 만들기 - 프레젠테이션을 선택한다. 요소에서 우주를 검색한 후 사진 섹션에서 마음에 드는 이미지를 선택한다.

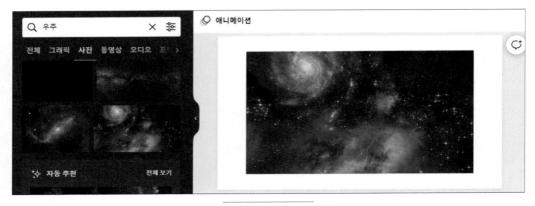

[그림 7-44] 요소 - 우주 검색 - 사진 선택

　이미지 위에서 마우스 오른쪽을 클릭하여 '이미지를 배경으로 설정합니다.'를 선택한다.

[그림 7-45] 이미지를 배경으로 설정

이미지가 배경으로 바뀐 것을 확인할 수 있다.

[그림 7-46] 배경으로 설정된 이미지

세계 지도로 메타버스 배경을 만들어 보자. 요소에서 세계 지도를 검색한 후 그래픽 섹션에서 마음에 드는 이미지를 선택한다.

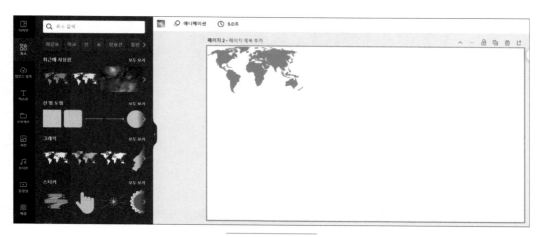

[그림 7-47] 요소 - 세계지도 검색 - 그래픽 선택

추가한 이미지를 배경으로 설정하는 메뉴가 없을 경우 페이지에 맞게 이미지 크기를 조절한다.

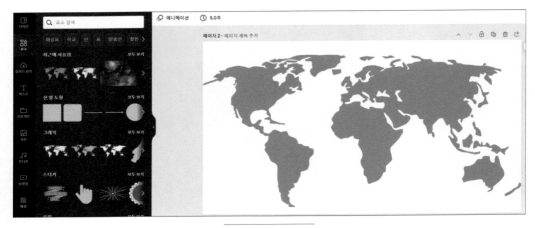

[그림 7-48] 완성된 세계지도 배경

이제 배경을 다운로드해 보자. 공유 - 다운로드에서 파일 형식을 PNG로 설정한 후 다운로드를 클릭한다. 페이지 선택에서 원하는 페이지만 체크하여 하나씩 다운로드할 수도 있다. 앞에서 만들었던 우주 배경도 같은 방식으로 다운로드한다.

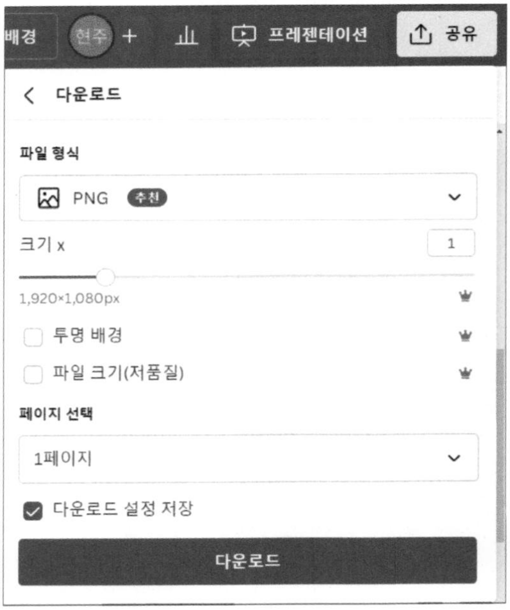

[그림 7-49] 배경 다운로드

메타버스 ZEP으로 가보자. zep.us로 접속하여 회원 가입을 한다. 로그인 첫 화면에서
스페이스 만들기를 선택한다.

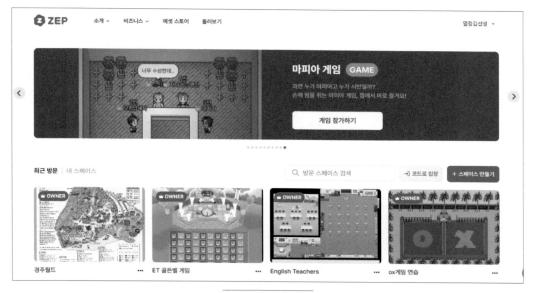

[그림 7-50] ZEP에서 스페이스 만들기

오른쪽에 있는 빈 맵에서 시작하기를 선택한다.

[그림 7-51] 빈 맵에서 시작하기

  스페이스 이름에 '우주 여행'이라고 입력
하고 태그에 행사를 선택한 후 만들기를 클
릭한다.

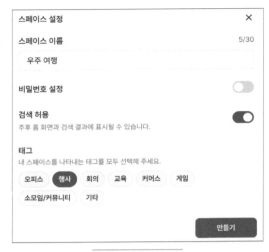

[그림 7-52] 스페이스 설정 후 만들기

  왼쪽 메뉴 바에서 맵 에디터를 선택한다.

[그림 7-53] 맵 에디터

오른쪽 하단의 배경화면 설정하기를 클릭한 후 다운로드한 우주 이미지를 선택한다.

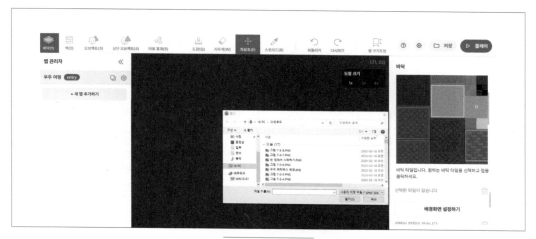

[그림 7-54] 우주 이미지를 배경화면으로 설정

캔바에서 다운로드한 우주 이미지가 배경으로 설정된 것을 알 수 있다. 오른쪽 상단에 있는 플레이를 클릭해서 실제 메타버스 공간으로 이동해 보자.

[그림 7-55] 메타버스 우주 배경 설정 완료

우주 공간에 있는 열정김선생 아바타를 확인할 수 있다.

[그림 7-56] 메타버스 우주 공간에 있는 아바타

세계 지도 배경도 같은 방식으로 만들 수 있다. ZEP의 포털 기능을 활용하면 나라별 세계 여행이나 탐험을 다니는 확장된 메타버스 공간으로 사용할 수 있다.

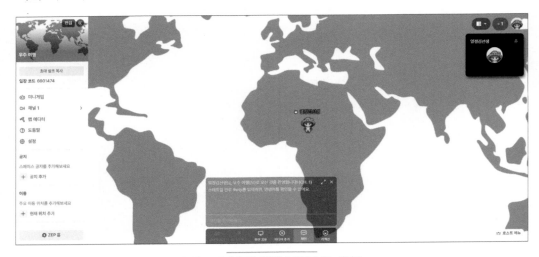

[그림 7-57] 세계지도 메타버스 공간에 있는 아바타

06. 메타버스 미로 만들기

메타버스 공간에서 미로 게임을 할 수 있는 배경화면을 캔바에서 만들어 보자. 캔바 첫 화면에서 디자인 만들기 - 맞춤형 크기를 선택한다. 가로세로 각각 1,000px을 입력한 후 새로운 디자인 만들기를 선택한다.

[그림 7-58] 디자인 만들기 - 맞춤형 크기

[그림 7-59] 가로세로 크기 입력

요소에서 미로를 검색한 후 그래픽 섹션에서 마음에 드는 이미지를 선택한다.

[그림 7-60] 그래픽에서 미로 이미지 선택

페이지에 맞게 이미지 크기를 조절한다.

[그림 7-61] 미로 이미지로 전체 페이지 채우기

미로에 출발과 도착을 표시하고 보물, 유령, 열쇠와 같은 이미지를 추가해 보자. 요소에서 영어로 'start'라고 검색한 후 그래픽에서 선택한 원하는 이미지를 미로의 출발 부분에 배치한다.

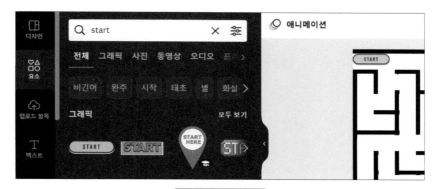

[그림 7-62] 출발 이미지 추가

요소에서 영어로 'finish'라고 검색한 후 원하는 이미지를 도착 부분에 입력한다. 이러한 방식으로 보물, 유령, 열쇠 이미지를 찾아 미로에 골고루 배치한다. 이때 이미지의 크기는 메타버스의 아바타 크기에 맞추어 작게 줄여 주는 것이 좋다. 실제 메타버스에서는 캔바에서보다 더 크게 보이기 때문이다. 미로의 색깔을 검정에서 초록색으로 바꾸어 보자. ZEP의 배경이 어두워서 밝은 색깔로 바꾸는 것이 좋다. 미로를 클릭해서 색깔을 초록색으로 수정한다.

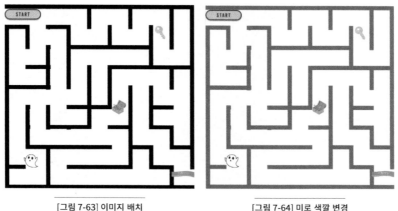

[그림 7-63] 이미지 배치   [그림 7-64] 미로 색깔 변경

완성된 미로를 다운로드한다. 이때 미로
의 틀만 필요하기 때문에 반드시 '투명 배
경'에 체크를 한 후 다운로드한다.

[그림 7-65] 투명 배경 선택 후 다운로드

ZEP에 접속한 후 스페이스를 만들고 다운로드한 미로를 배경화면으로 설정해 보자.

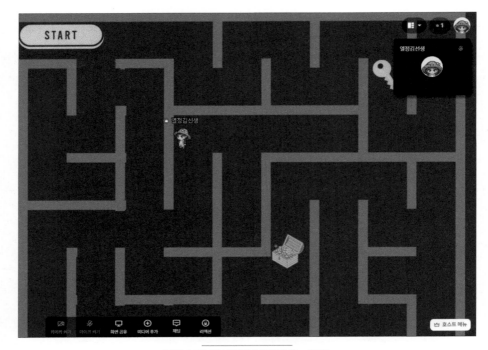

[그림 7-66] 미로 메타버스 공간에 있는 아바타

07. 메타버스 오브젝트 만들기

　캔바에서는 메타버스 오브젝트를 다양하게 만들 수 있다. 메타버스에는 본인이 원하는 오브젝트가 없는 경우가 많다. 캔바에서 내가 원하는 오브젝트를 만든 후 메타버스 공간을 좀 더 풍성하게 꾸며 보자.

　캔바 첫 화면에서 디자인 만들기 - 맞춤형 크기를 선택한다. 가로세로 각각 40px을 입력한 후 새로운 디자인 만들기를 선택한다. ZEP의 오브젝트 크기는 가로세로 32px인 경우가 많은데 캔바에서 설정할 수 있는 가장 작은 크기는 40px이기 때문이다.

　요소에서 자전거를 검색한 후 그래픽 섹션에서 마음에 드는 이미지를 선택한다.

[그림 7-67] 그래픽에서 자전거 이미지 선택

페이지에 맞게 이미지 크기를 최대한 크게 조절한다.

[그림 7-68] 자전거 이미지 확대

앞에서 만든 미로 배경화면처럼 자전거 이미지도 반드시 '투명 배경'에 체크한 후 다운로드한다.

[그림 7-69] 투명 배경 선택 후 다운로드

앞에서 만든 ZEP의 미로 스페이스로 접속한 후, 왼쪽 메뉴 바에서 맵 에디터를 선택한다.

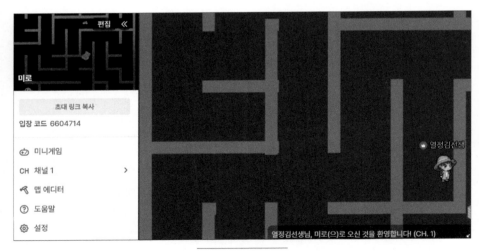

[그림 7-70] 맵 에디터

상단 메뉴 바에서 오브젝트와 도장을 차례대로 선택한다.

[그림 7-71] 오브젝트와 도장 메뉴

오른쪽 상단 메뉴에서 나의 오브젝트 - 추가를 선택한다.

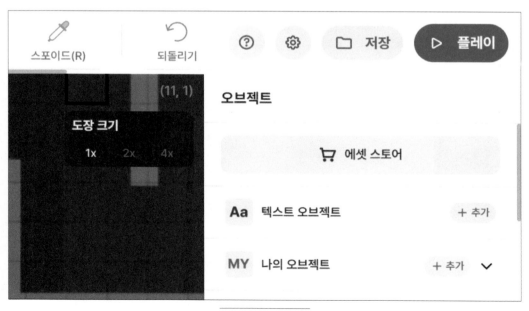

[그림 7-72] 나의 오브젝트 추가 메뉴

내 컴퓨터에서 다운로드한 자전거 이미지 파일을 선택하여 업로드한다.

[그림 7-73] 다운로드한 자전거 이미지 파일 업로드

업로드한 자전거 이미지를 확인할 수 있다.

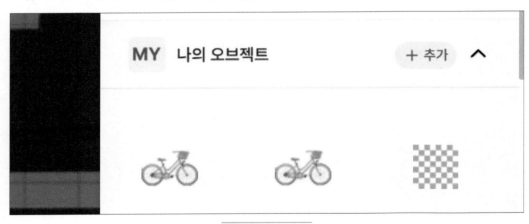

[그림 7-74] 나의 오브젝트에 추가한 자전거 이미지

자전거 이미지를 선택하면 맵에서도 자전거 이미지를 확인할 수 있다. 적당한 위치에 자전거를 두고 마우스를 클릭하면 자전거 오브젝트가 설치된다.

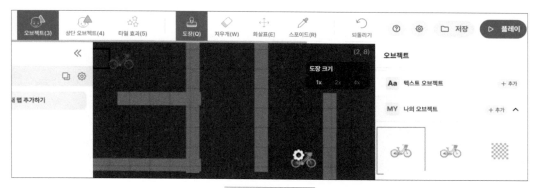

[그림 7-75] 자전거 오브젝트 설치

오른쪽 상단에 있는 플레이를 클릭하여 아바타가 있는 메타버스 공간으로 가보자. 자전거가 아바타와 함께 있는 것을 볼 수 있다.

[그림 7-76] 아바타와 자전거 오브젝트

08. 메타버스 행사 배너 만들기

코로나19 이후로 메타버스 공간에서 온라인 행사를 하는 경우가 많아졌다. 행사의 배너를 캔바로 만들어 메타버스 공간에 설치해 보자.

캔바 첫 화면에서 디자인 만들기 - 맞춤형 크기를 선택한다. 가로 1,000px, 세로 250px을 입력한 후 새로운 디자인 만들기를 선택한다.

템플릿 섹션에서 원하는 디자인을 선택한다.

[그림 7-77] 템플릿 선택

텍스트를 신입생 환영회로 수정한 후 다운로드한다.

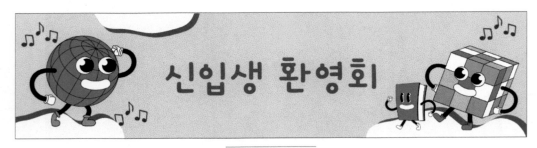

[그림 7-78] 텍스트 수정

완성된 배너를 메타버스 공간에 설치해 보자. 첫 화면에서 스페이스 만들기를 선택한
다. ZEP 맵에서 콘서트장 템플릿을 선택한다.

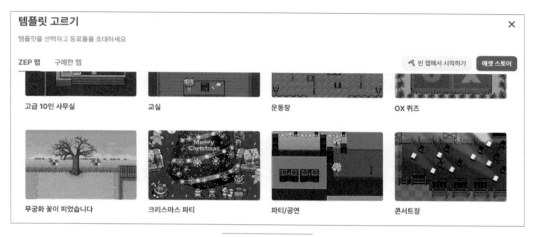

[그림 7-79] 콘서트장 템플릿 선택

스페이스 설정을 완료하여 공간을 만든 후 왼쪽 메뉴 바에서 맵 에디터를 선택한다.

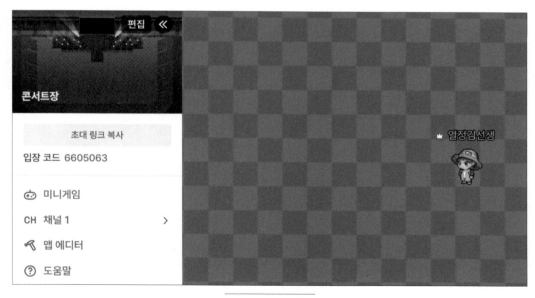

[그림 7-80] 맵 에디터

나의 오브젝트 - 추가를 선택하여 캔바에서 만든 배너를 메타버스에 업로드한 후 배너 이미지를 무대 중앙에 설치한다.

[그림 7-81] 무대 중앙에 설치된 배너

오른쪽 상단에 있는 플레이를 클릭해서 실제 메타버스 공간으로 이동해 보자. 무대 중앙에 아바타와 함께 신입생 환영회 배너를 볼 수 있다.

[그림 7-82] 메타버스 공간에 설치된 배너

09. 메타버스 3D 효과 만들기

일반적으로 3D 오브젝트를 제작하려면 다른 프로그램을 사용해야 한다. 하지만 캔바를 사용하면 3D 효과를 쉽게 구현할 수 있다.

캔바 첫 화면에서 디자인 만들기 - 맞춤형 크기를 선택한다. 가로세로 각각 400px을 입력한 후 새로운 디자인 만들기를 선택한다.

요소에서 3d 우주비행사를 검색한 후 그래픽 섹션에서 마음에 드는 이미지를 선택한다.

[그림 7-83] 그래픽에서 3D 우주비행사 이미지 선택

또 다른 3D 오브젝트를 만들어 보자. 요소에서 별무리를 검색한 후 그래픽 섹션에서 마음에 드는 이미지를 선택한다.

[그림 7-84] 그래픽에서 별무리 이미지 선택

두 개의 이미지 모두 '투명 배경'에 체크
한 후 다운로드한다.

[그림 7-85] 투명 배경 선택 후 다운로드

앞에서 배너를 설치했던 콘서트장 공간에 3D 오브젝트를 설치해 보자. 나의 오브젝트
- 추가를 선택하여 3D 오브젝트를 메타버스 맵에 업로드한다.

상단 메뉴 바에서 상단 오브젝트와 도장을 차례대로 선택한다. 나의 오브젝트에서 별
무리를 선택하여 여러 군데 설치한다.

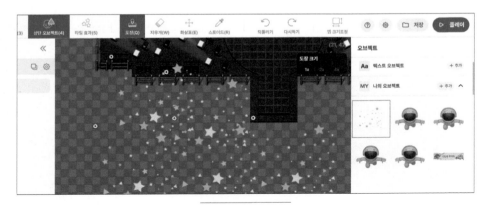

[그림 7-86] 별무리 오브젝트 설치

우주비행사도 별무리처럼 여러 군데 설치한 후 오른쪽 상단의 플레이를 클릭해서 실제 메타버스 공간으로 이동해 보자.

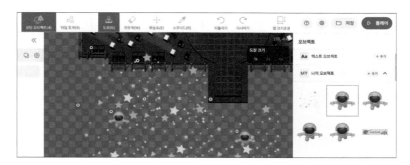

[그림 7-87] 우주비행사 오브젝트 설치

아바타가 별무리와 우주 비행사 아래를 걸어다니며 3D 느낌을 받을 수 있다.

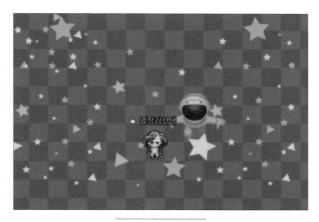

[그림 7-88] 별무리와 우주 비행사 밑에 있는 아바타

완성된 메타버스 공간들을 확인해 보자!

[그림 7-89] 캔바로 만든 메타버스 공간(콘서트장, 미로)

10. AI로 유명 화가들 화풍의 다양한 카드 만들기

캔바의 Magic Media에서 유명 화가들의 화풍에 맞게 이미지를 생성할 수 있다. 방법은 아주 간단하다. 명령문과 함께 화가들의 이름을 넣어주면 된다. 이 기능을 바탕으로 생일 카드를 만들어 보자. 생일 연도에 맞는 띠 동물 그림을 특정 화가의 화풍대로 생성해 보자.

캔바 첫 화면에서 생일 카드라고 검색한 후 원하는 템플릿을 고른다. 이때 사진 프레임이 여러 개 있는 것을 선택한다.

그림 7-90 생일 카드 템플릿 선택

피카소와 클림트, 모네의 화풍에 따라 각각 토끼 이미지를 생성해 보자. 먼저 Magic Media 입력창에 피카소, 토끼라고 입력한다.

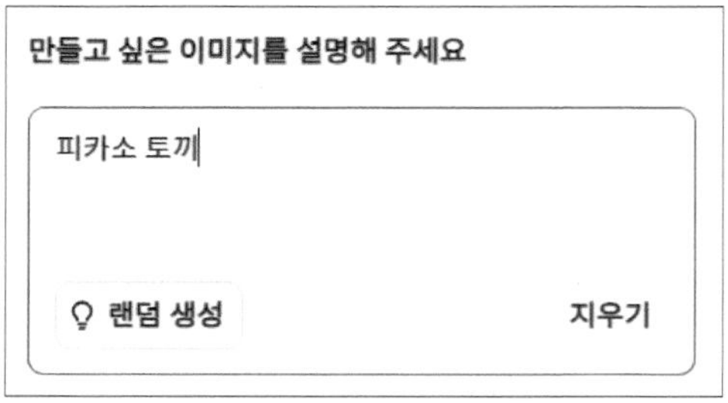

만들고 싶은 이미지를 설명해 주세요

피카소 토끼

♀ 랜덤 생성   지우기

그림 7-91 피카소, 토끼 입력

스타일은 없음, 가로세로 비율은 정사각형을 선택한 후 이미지 생성을 클릭한다.

그림 7-92 스타일 - 없음

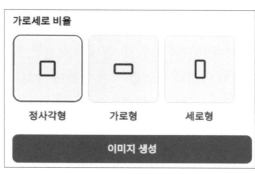

그림 7-93 가로세로 비율 - 정사각형

피카소 화풍에 따른 4개의 토끼 이미지가 생성되었다. 이 중 하나를 선택해서 마우스로 드래그한 후 템플릿의 첫 번째 사진으로 가져가면 그림이 자동으로 바뀐다.

그림 7-94 피카소 화풍으로 생성된 토끼 이미지

그림 7-95 토끼 이미지를 템플릿 사진 프레임에 넣기

이런 식으로 명령문에 클림트와 모네, 토끼 등을 입력하여 이미지를 만들어 보자. 이때 생일, 웃다, 분홍, 꽃 등 다양한 조건의 명령문을 추가할 수 있다.

생성된 4개의 그림 중 하나를 선택한 후 그 그림의 오른쪽 상단에 있는 점 세 개를 클릭하면 이것과 비슷한 이미지를 더 생성하거나 동영상으로도 제작할 수 있다. 모네, 토끼, 분홍, 생일, 꽃 명령문으로 생성된 4개의 그림 중 소녀가 있는 것을 선택하여 비슷한 이미지를 더 생성해 보자.

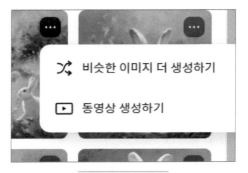

그림 7-97 비슷한 이미지
더 생성하기 선택

그림 7-96 모네, 토끼, 분홍, 생일, 꽃
명령문으로 생성된 토끼 이미지

그림 7-98 비슷한 이미지 더 생성하기로
만들어진 이미지

　클림트와 모네, 피카소 화풍의 토끼 이미지들을 템플릿의 사진 프레임에 넣어 생일 카드를 완성한다. 동일한 방법으로 아래와 같이 다양한 카드를 제작해 볼 수 있다.

그림 7-99 완성된 생일 카드

그림 7-100 르누아르 화풍으로 만든
베이비 샤워 초대 카드

그림 7-101 클림트 화풍으로 만든
고희연 초대장

8

학교 수업에서
두 배로 활용하기

학교 교육 현장은 코로나 전과 후로 나눌 수 있을 만큼 극명하게 달라졌다. 이제는 1인 1기기와 교실 무선 네트워크 환경은 기본값이 되었고, AI를 보조 교사로 활용할 만큼 각종 에듀테크 도구들로 수업과 업무의 효율이 높아졌다. 캔바 또한 그래픽 디자인 도구로서 학급 경영이나 프로젝트 수업 등 다양한 방면에서 사용할 수 있다.

01. 교육용 캔바 공짜로 사용하기

캔바를 교육적인 목적으로 학생들과 함께 사용하려면 교육용 프로 버전(교육용 캔바)으로 무료 업그레이드를 하는 것이 좋다. 교사가 팀을 만들 때 학생들을 팀원으로 손쉽게 초대할 수 있으며, 팀에 소속된 학생들은 교사와 똑같이 유료 버전의 모든 콘텐츠를 사용할 수 있기 때문이다. 교육용 캔바를 사용할 수 있는 자격을 가진 사람들/기관은 다음과 같다.

❶ 정식 인가를 받은 학교에서 유치원·초중고 교원 자격증을 소지하고 현재 재직 중인 교사/보조교사
❷ 기술 학교나 직업 학교에서 초중고(또는 이에 해당하는 학년) 학생을 가르치고 있는 교원 자격증 소지 교사
❸ 유치원·초중고등학교, 교육 관계 부서 등

다음의 경우에 해당하는 사람/기관은 교육용 캔바를 사용할 수 없다.

❶ 현재 재직 중이 아닌 유치원·초중고 교사/보조교사
❷ 대학교 또는 그에 준하는 고등교육기관(교수 및 직원, 학생 포함)
❸ 유치원·초중고 교육을 받는 자녀를 둔 부모
❹ 평생/성인 교육 기관, 학원 등

(출처: https://www.canva.com/ko_kr/help/about-canva-for-education/)

캔바를 사용하다 보면 프로 버전으로 업그레이드를 할 수 있는 메뉴를 자주 볼 수 있는데, 이는 일반 사용자들에게 30일간의 무료 체험 기간을 제공한 후 유료로 전환되는 요금제이다. 교육용 캔바로 무료 업그레이드하기 위해서는 다음과 같은 절차가 필요하다.

[그림 8-1] 캔바 홈 - 교육용 - 교사 및 학교 선택   [그림 8-2] 선생님 인증받기 선택

[그림 8-3] 교육용 캔바 선생님 인증 단계

교원인 경우 정부 24 - 민원서비스에서 재직증명서를 인터넷으로 발급받을 수 있다. 재직증명서는 꼭 영문으로 발급받지 않아도 되며, 한글로 적혀 있어도 승인에는 문제가 없다. 재직증명서를 첨부한 후 제출하기를 누르면 신청이 완료된다.

신청 즉시 접수 확인 메일을 받을 수 있으며, 교육용 캔바 인증이 완료된 경우에도 메일로 결과를 확인할 수 있다. 시간대와 상황에 따라 다르겠지만, 저자는 신청한 지 2분 만에 승인 메일이 도착하였다.

[그림 8-4] 교육용 캔바 인증 접수 확인 메일

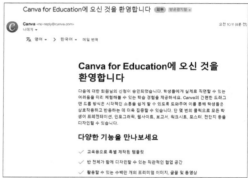

[그림 8-5] 교육용 캔바 인증 완료 메일

승인이 된 경우 캔바에서 다음과 같이 여러 가지 방법으로 버전이 업그레이드되었음을 확인할 수 있다.

무료 버전	유료 버전

[그림 8-6] 홈 화면 왼쪽 상단 프로필 아래 무료/교육용 표시 및 교육용 캔바 수업 과제 기능

무료 버전	유료 버전

[그림 8-7] 계정 설정 - 청구 및 요금제에서의 차이점

이렇게 무료로 업그레이드한 교육용 캔바는 무료 버전에서 사용하는 것과 달리 유료 콘텐츠를 모두 무료로 사용할 수 있다.

[그림 8-8] 유료 표시된 무료 버전 템플릿(왼쪽)과 유료 표시가 없는 교육용 캔바 템플릿(오른쪽)

[그림 8-9] PRO 표시된 무료 버전 템플릿(왼쪽)과 EDU 표시된 교육용 캔바 템플릿(오른쪽)

02. 학기 초 업무 확 줄이기

2-1   시간표 뚝딱 만들기

　신학기 기초 시간표가 정해지면 교실 벽에 상시 게시할 예쁜 디자인의 시간표가 필요하다. 대학생들도 요일마다 수업 시간과 강의실, 지도교수가 다르므로 미리 정리하여 저장해 둘 필요가 있다. 캔바를 사용하면 시간표도 손쉽게 뚝딱 만들 수 있다.

홈 화면 검색창에 시간표, schedule, time table 등 다양한 키워드로 템플릿을 검색한 후 원하는 디자인을 골라 보자.

Canva
time table
디자인 만들기
Time Table 템플릿
다음 디자인을 위해 준비된 고품질 Time Table 템플릿을 둘러보세요.
템플릿 1,401개
Canva Pro 사용해 보기
홈
모든 템플릿
사진
아이콘
브랜드 템플릿
별표 표시됨
필터
Dance Teachers :Ti...
Yellow Minimalist S...
White Simple Time ...
Grey Modern Class ...
Blue Orange Bright ...

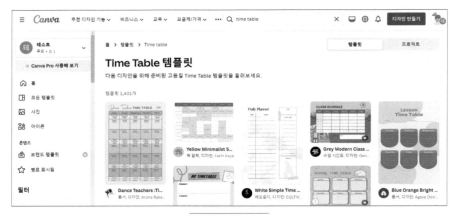

[그림 8-10] 캔바 검색창에서 키워드 time table로 검색한 결과

제목과 시정, 요일별 과목을 입력한다.

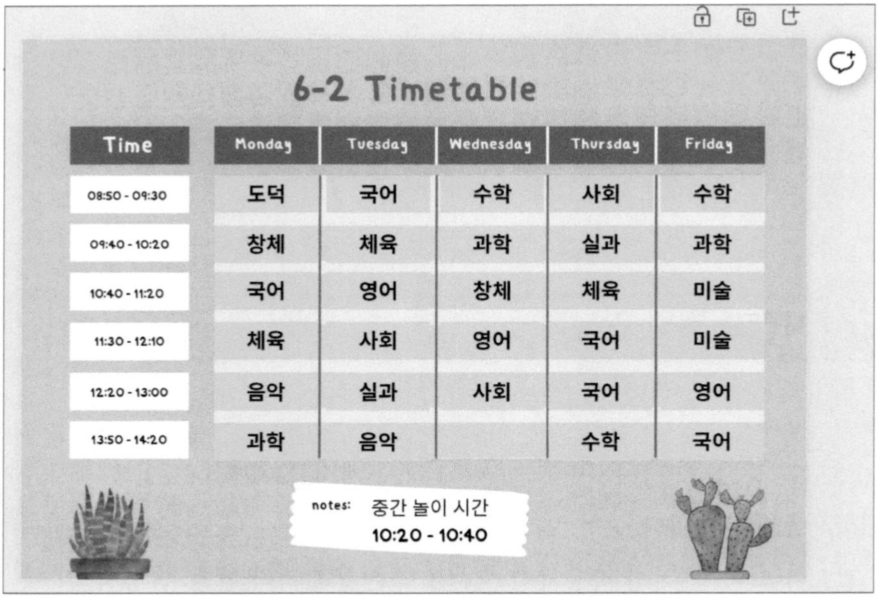

6-2 Timetable
Time
Monday
Tuesday
Wednesday
Thursday
Friday
08:50 - 09:30
도덕
국어
수학
사회
수학
09:40 - 10:20
창체
체육
과학
실과
과학
10:40 - 11:20
국어
영어
창체
체육
미술
11:30 - 12:10
체육
사회
영어
국어
미술
12:20 - 13:00
음악
실과
사회
국어
영어
13:50 - 14:20
과학
음악
수학
국어
notes: 중간 놀이 시간
10:20 - 10:40

[그림 8-11] 반별 기초 시간표

완성된 시간표는 필요에 따라 다양한 형태로 인쇄하여 사용할 수 있다.

[그림 8-12] 스티커(직사각형) (가로) 모양으로 10장 인쇄 요청한 결과

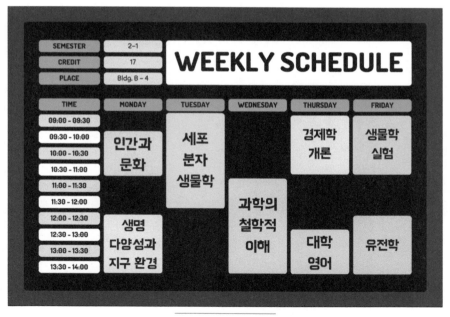

[그림 8-13] 캔바로 만든 대학교 강의 시간표

2-2 각종 이름표 만들기

 새로운 반을 맡아 학급을 운영하게 되면 매년 새롭게 만들어야 할 이름표들이 있다. 사물함부터 신발장, 명찰, 뒷벽 게시판 등 학생들의 이름이나 번호표가 들어가야 할 곳이 많은데, 일일이 한글에 이미지 파일을 찾아 붙이려면 시간이 오래 걸린다. 캔바는 원하는 사이즈에 딱 맞는 이름표를 만드는 데 최적화된 도구이다.

 지금까지는 검색창에 원하는 주제를 입력한 후 기존에 있는 템플릿을 찾아 사용하였다면, 이름표는 용도나 목적에 맞게 사이즈를 직접 입력해서 만들고자 한다. 교실 뒤에 배치된 학생용 사물함 이름표를 만들어 보자. 디자인 만들기 - 맞춤형 크기에서 단위를 mm로 바꾸고 가로와 세로를 사물함 이름표에 적합한 사이즈로 입력한 후 새로운 디자인 만들기를 선택한다.

[그림 8-14] 디자인 만들기 - 맞춤형 크기 - 이름표 사이즈 입력

입력한 사이즈에 맞는 빈 화면으로 편집 화면이 나타나며, 디자인 탭에서 해당 사이즈에 딱 맞는 템플릿을 추천해 준다. 그러나 이름표를 만드는 경우 디자인보다는 요소 - 네임택을 검색하여 원하는 그래픽을 선택하는 것이 좋다.

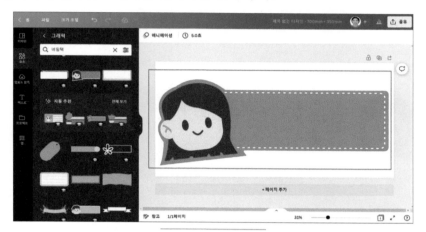

[그림 8-15] 네임택으로 검색하여 빈 화면에 여학생 이름표 그래픽 삽입

하나의 그래픽을 선택하면 자동 추천 기능으로 비슷한 느낌의 다른 이미지도 함께 제공한다. 만약 남녀로 구분하고 싶다면 페이지를 추가한 후 자동 추천에 포함된 그래픽 중에서 남학생과 관련된 이미지를 삽입한다.

[그림 8-16] 페이지 추가 - 자동 추천 - 남학생 이름표 그래픽 삽입

만든 이름표는 PNG 형식으로 투명 배경에 체크하여 다운로드한다. 교육용 캔바로 무료 업그레이드하면 왕관 모양으로 표시된 유료 기능도 제한 없이 사용할 수 있어 편리하다. 또한 다운로드하면서 함께 생성된 보기 전용 링크는 동학년 선생님들과 함께 사용할 수 있도록 바로 공유할 수 있다.

[그림 8-17] PNG 투명 배경으로 이름표 다운로드

캔바로 만든 이름표 이미지는 한글 파일에서 라벨 문서와 메일 머지 기능을 사용하여 학생들 여러 명의 이름을 한꺼번에 입력할 수 있다.

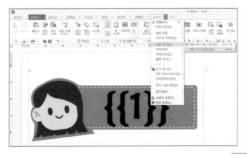

[그림 8-18] 한글 프로그램 - 메일 머지 기능을 사용한 이름표

만약 한글 프로그램에 원하는 글꼴이 없다면 캔바에서 텍스트를 추가한 후 원하는 글꼴로 이름을 입력할 수 있다. 한 반 이상의 작업을 할 때는 대량 제작하기 메뉴를 활용하면 많은 이름표를 손쉽게 만들어 다운로드할 수 있다.

[그림 8-19] 텍스트 추가 - 원하는 글꼴로 이름 입력

03. 각종 배너 만들기

코로나19 사태 이후 구글 클래스룸과 같은 학습 관리 시스템(LMS, Learning Management System), 구글 설문지, 사이트 도구 등 수업에 다양한 에듀테크를 사용하는 것이 일반화되었다. 학기 초, 나만의 고유한 디자인을 만들어 에듀테크 도구에 적용해 보자.

도구마다 디자인을 적용할 수 있는 영역을 지칭하는 이름이 각각 다르며 구글 도구를 예로 들면 다음과 같다.

❶ 구글 클래스룸: 게시판 헤더

❷ 구글 설문지: 머리글

❸ 구글 사이트 도구: 머리글 배너

캔바를 사용하면 이러한 도구에 적합한 디자인을 쉽고 빠르게 제작할 수 있다. 신학기를 맞아 새롭게 만날 학생들과 사용할 구글 클래스룸 스트림 헤더를 만들어 보자. 먼저 홈화면의 검색창에 구글 클래스룸을 입력하면 다양한 유·무료 템플릿을 확인할 수 있다.

[그림 8-20] 구글 클래스룸 템플릿 검색 결과

[그림 8-21] 구글 클래스룸 템플릿 선택

텍스트 상자를 선택하여 제목을 바꾸고, 요소에서 English를 검색하여 적절한 그래픽을
찾아 추가한다.

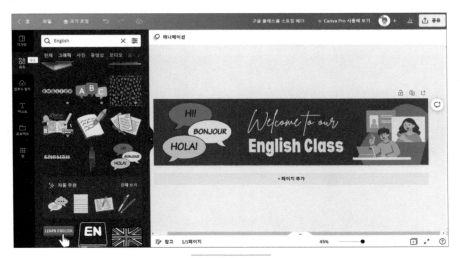

[그림 8-22] 템플릿의 텍스트 수정 및 그래픽 교체

완성된 헤더를 PNG 파일로 다운로드한다. 이때 보기 전용으로 링크도 함께 생성되어
동료 선생님에게 디자인을 바로 공유할 수 있다.

[그림 8-23] 완성된 헤더 PNG 다운로드 결과

구글 클래스룸에 입장하면 게시판 탭에서 헤더를 확인할 수 있다. 오른쪽 상단 맞춤 설정에서 디자인을 바꿀 수 있다.

[그림 8-24] 구글 클래스룸 입장 시 보이는 게시판 헤더

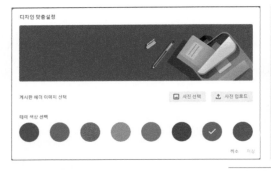

[그림 8-25] 맞춤설정 메뉴에서 사진 업로드

[그림 8-26] 캔바로 만든 구글 클래스룸 게시판 헤더

구글 클래스룸 템플릿으로 만든 디자인의 크기는 1,920×480px로, 구글 설문지와 사이트 도구 머리글 배너에도 그대로 사용할 수 있다.

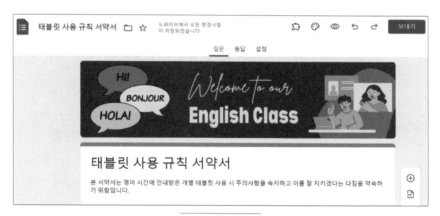

[그림 8-27] 구글 설문지 머리글

[그림 8-28] 구글 사이트 도구 머리글 배너

04. 캔바에서 수업하기

4-1 교실 만들고 학생 초대하기

　캔바에서 팀을 만들면 디자인을 팀원들에게 공유하거나 편집 권한을 일괄 부여하는 등 실시간 협업 작업을 효과적으로 실시할 수 있다. 계정 당 만들 수 있는 팀의 개수는 제한이 없으며, 한 팀 당 본인 포함 최대 100명까지 추가할 수 있다. 그러나 캔바의 가격 정책 변동으로 인해 각 팀별, 팀 내 인원 추가에 대한 구독 비용이 발생하므로 필요한 만큼만 팀이나 팀원을 최소한으로 추가하는 것이 좋다.

　먼저 무료 버전에서 팀을 처음 만드는 경우는 홈 화면에서 팀 만들기 메뉴를 쉽게 확인할 수 있다. 팀원들의 이메일 주소를 입력하여 초대할 수 있으며, 결제 기간과 카드 정보를 입력하면 30일 동안 팀 기능을 무료로 사용해볼 수 있다. 마지막 단계에서 무료 체험하기 버튼을 클릭하면 1000원 내외의 해외 결제가 이루어지는데, 카드 사용 여부를 확인하는 절차일 뿐이며 1분 내외로 바로 사용 취소가 되므로 걱정하지 않아도 된다.

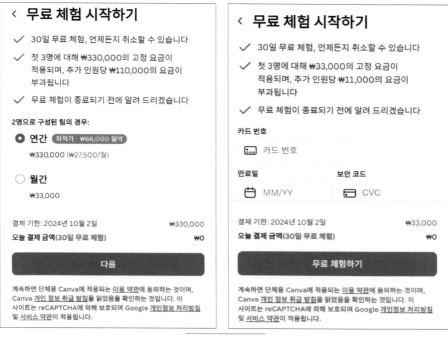

[그림 8-29] 홈 화면 왼쪽 하단 팀 만들기 메뉴 및 과정

만약 하나 이상의 팀을 소유하고 있는 경우는 계정 설정 - 청구 및 요금제에서 새로운 팀 만들기 메뉴를 사용하여 팀을 추가로 만들 수 있다.

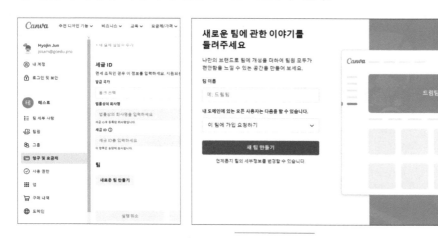

[그림 8-30] 새로운 팀 만들기 메뉴를 사용한 팀 추가 과정

만든 팀은 계정 설정 - 팀 세부 사항에서 팀의 이름과 설명 등을 바꾸거나 추가할 수 있고, 팀의 소유자를 변경하거나 삭제할 수 있다.

[그림 8-31] 팀 세부사항 관리하기

내가 만든 모든 팀은 계정 설정 - 팀 관리에서 확인할 수 있으며 내가 만든 팀은 삭제할 수 있다.

[그림 8-32] 계정 설정 - 팀 관리 메뉴

　팀을 삭제하면 14일 뒤에 영구 삭제되며 그 전까지는 임시로 보관되어 원할 때 삭제를 취소할 수 있다.

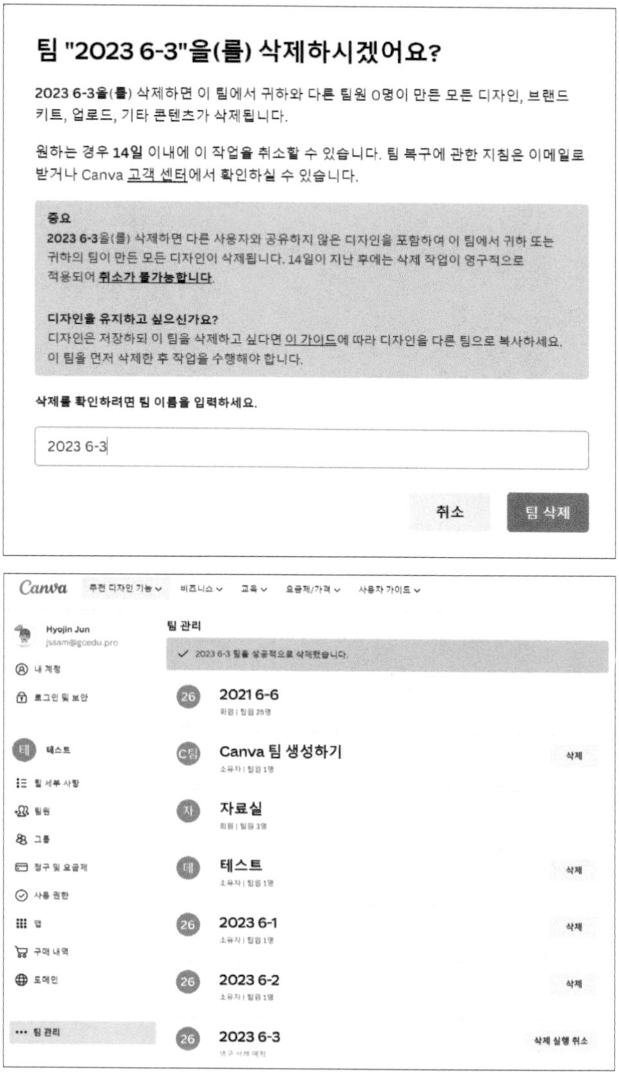

[그림 8-33] 팀 삭제하기 및 결과

최근 시스템이 업데이트되면서 교육용 캔바를 사용하는 경우 학교 단위로 팀을 만들어 수업을 개설 및 관리해야 한다. 교육용 캔바로 무료 업그레이드를 완료했다면 왼쪽 상단 계정 아래쪽에 '학교에 가입하기' 메뉴를 확인할 수 있다.

[그림 8-34] 교육용 캔바의 '학교에 가입하기' 메뉴

학교에 가입하기 메뉴를 선택해 보자. 캔바에 학교가 설정되어 있다면 학교 이름으로 검색해서 가입을 요청할 수 있다. 만약 학교를 찾을 수 없다면 + "(학교 이름)" 만들기를 선택하여 직접 캔바에 추가할 수 있다.

[그림 8-35] 학교 찾기 및 + "(학교 이름)" 만들기 메뉴

학교 이름과 상세 주소, 학교 웹사이트(선택)를 입력하고 계속을 선택한다.

[그림 8-36] 학교 추가하기

안내 사항을 확인한 후 학교 만들기를 선택한다.

[그림 8-40] 학교 만들기

왼쪽 상단에 학교 이름으로 만들어진 팀을 확인할 수 있다. 설정 - 학교 세부 사항에서 학교 로고를 추가할 수 있으며, 학교 정보와 관련된 세부 사항을 수정할 수 있다.

[그림 8-41] 학교 팀 및 설정 - 학교 세부 사항 메뉴

만약 캔바에 내가 근무하는 학교가 이미 설정되어 있다면 학교 이름으로 검색한 후 학교에 가입 요청할 수 있다.

[그림 8-42] 학교에 가입 요청하기

[그림 8-43] 가입 요청 완료

학교 구성원으로부터 가입 요청이 들어오면 관리자 계정의 알림에 해당 내용이 나타나게 된다.

[그림 8-44] 학교 가입 요청 알림

알림 내용을 클릭하면 가입 요청 승인 여부를 선택할 수 있는 메뉴로 이동한다.

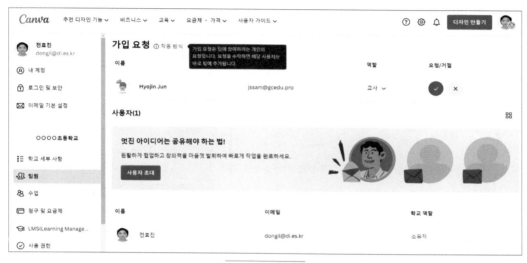

[그림 8-45] 가입 요청 승인 여부 선택 메뉴

요청을 승인할 경우 학교 팀 사용자에 추가되며, 관리자는 승인한 팀원에 대해 관리자, 교사, 학생 또는 학교에서 제거 등 필요한 권한을 설정할 수 있다.

[그림 8-46] 가입 요청 승인 완료 결과(관리자)

승인된 결과는 팀원에게도 알림을 통해 안내가 발송되며, 학교 팀 내에서 수업을 추가하고 학생들을 초대할 수 있다.

[그림 8-47] 가입 요청 승인 완료 결과(팀원)

학교 팀 안에서는 여러 개의 수업을 만들어 효과적으로 관리할 수 있으며, 학생들을 수업에 초대할 수도 있다. 먼저 수업을 만들어 보자. 홈 화면에서 수업 만들기를 선택한 후 내가 원하는 수업 이름을 작성하고 계속을 클릭한다.

[그림 8-48] 홈 화면 - 수업 만들기 - 수업 이름 입력

　　무료 버전에서는 팀원을 초대할 때 공유 링크와 이메일로 초대하는 두 가지 방법만 사용 가능하다. 교육용 캔바에서는 구글 클래스룸과 연동할 수 있어 클릭 몇번 만으로도 학생들 전체를 손쉽게 초대할 수 있다. 만약 구글 클래스룸을 사용하지 않는다면 코드를 통해서도 초대할 수도 있다.

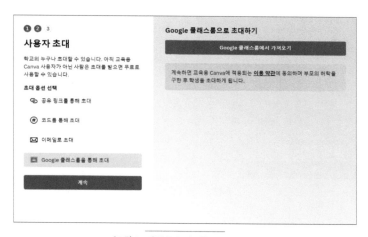

[그림 8-49] 구글 클래스룸으로 초대하기

　　구글 클래스룸에서 가져오기를 선택하면 현재 캔바 계정과 동일한 계정으로 운영하고 있는 구글 클래스룸 목록이 나타난다. 그중 학생들을 초대하기 원하는 구글 클래스룸을 선택한다.

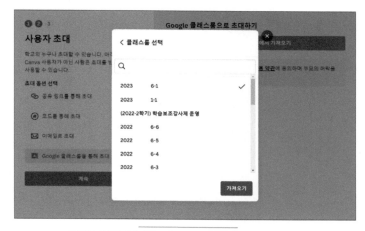

[그림 8-50] 현재 운영하고 있는 구글 클래스룸 중 원하는 수업 선택

선택된 수업에 참여하고 있는 학생들의 이메일 주소를 자동으로 불러오며, 보내기를
선택하면 초대장을 이메일로 발송하게 된다.

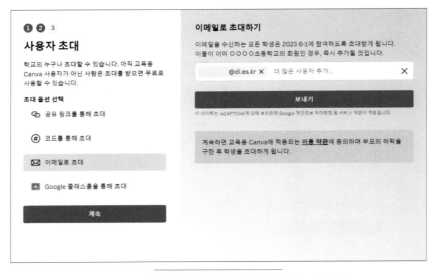

[그림 8-51] 해당 구글 클래스룸에 소속된 학생들에게 이메일로 초대장 발송

계속을 클릭하여 수업 만들기 및 학생 초대하기 단계를 종료한다. 학교 팀 안에 개설
된 수업과 동일한 이름의 폴더가 생성된 것을 확인할 수 있다.

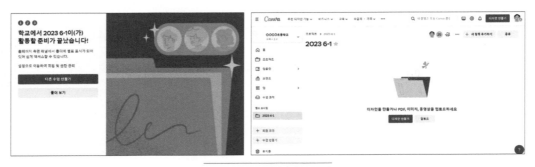

[그림 8-52] 수업 생성이 완료된 모습

이메일로 초대를 받은 학생들은 수업에 참여하기를 클릭하여 가입을 완료한다.

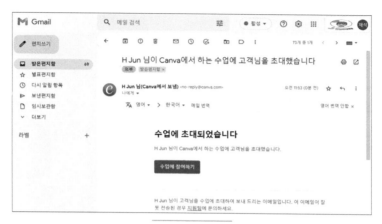

[그림 8-53] 수업 초대 메일

과제 주고 받기

캔바에서 만든 활동지를 학생들에게 과제로 배포하고 수합해 보자. 먼저 홈 화면에서 템플릿 - 교육용 - 자료 유형 - 워크시트 및 활동을 선택하여 수업에 필요한 활동지를 선택한다.

[그림 8-54] 템플릿 - 교육용 - 자료 유형 - 워크시트 및 활동의 다양한 워크시트

선택한 템플릿은 활동지 컬러와 흑백 각 1장씩, 정답지 컬러와 흑백 각 1장씩 총 4장으로 구성되어 있다.

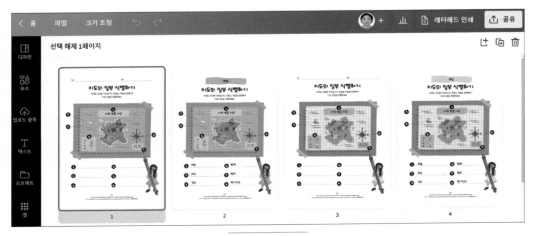

[그림 8-55] 워크시트 선택 결과

이 중 2~4페이지를 삭제하고 1페이지만 학생들에게 배포할 예정이다. 공유 - 옵션 더보기 - 과제를 선택한다.

[그림 8-56] 공유 - 옵션 더보기 - 과제 메뉴

　학생들이 작업을 제출할 위치는 Canva를, 공유 방법은 '각 학생을 위한 새로운 디자인'을 선택한다. 캔바에서 과제를 수행하는 경우는 학생들에게 개별로 사본을 만들어 배포하는 새로운 디자인 옵션만 선택할 수 있다. 만약 작업을 제출할 위치를 구글 클래스룸이나 마이크로소프트 팀즈로 선택한다면 보기 전용(지침 전용)이나 편집 가능 권한(이 디자인 작업하기)으로 배포할 수도 있다. 과제 공유 대상으로 학생들의 이름을 입력한 후 게시를 선택하면 과제를 게시할 수 있다.

[그림 8-57] 과제 배포 과정

　학생들은 캔바 홈 화면에서 오른쪽 상단 알림 기능을 통해 과제를 확인할 수 있다. 해당 알림 내용을 클릭하면 편집 화면으로 넘어간다.

[그림 8-58] 알림을 통한 과제 안내

학생들은 텍스트를 추가하여 과제를 해
결한 후 오른쪽 상단 메뉴인 '교사에게 보
내기'를 클릭한다.

[그림 8-59] 교사에게 과제 보내기

교사는 홈 화면 - 수업 과제에서 학생들이 보낸 과제를 확인하고 검토할 수 있다.

[그림 8-60] 학생들이 보낸 과제 확인 방법

Draw 기능을 활용하여 과제에 대한 채점을, 요소 - Good job을 검색하여 칭찬하는 그래픽을 추가하였다. 또한 피드백 메시지에 수정이 필요하거나 참고할 사항 등을 적어서 의견 보내기 및 반환을 할 수 있다.

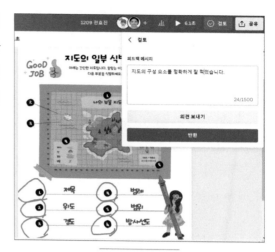

[그림 8-61] 과제 검토 및 채점, 피드백 제공

교사가 과제를 검토하면서 의견 보내기를 선택할 경우 학생들이 피드백 메시지의 내용을 확인하고 이를 반영하여 다시 제출해야 하며, 반환을 선택할 경우 학생들의 과제가 승인되었다는 뜻이다.

[그림 8-62] 의견 보내기를 선택한 경우(위)와 반환을 선택한 경우(아래)

05. 컷툰, 스토리보드로 다양한 활동하기

교육용 캔바를 사용하면 다양한 종류의 템플릿을 무제한으로 사용할 수 있으므로 학생들과 좀 더 창의적인 활동을 할 수 있다. 특히 컷툰이나 스토리보드 등 다양한 매체를 교육적인 용도로 활용한다면 학생들의 흥미와 학습 동기가 더욱 향상될 것이다.

학생들이 컷툰을 활용하여 초등학교 6학년 1학기 과학 '3. 식물의 구조와 기능' 단원에서 배운 내용을 스스로 정리할 수 있도록 해보자. 관련 성취 기준은 다음과 같다.

- [6과12-02] 식물의 전체적인 구조 관찰과 실험을 통해 뿌리, 줄기, 잎, 꽃의 구조와 기능을 설명할 수 있다.

홈 화면 - 템플릿 - 컷툰에서 식물과 관련된 템플릿을 검색해 보자.

[그림 8-63] 식물 관련 컷툰 템플릿 검색 결과

이번에 컷툰을 활용한 과학 수업은 내가 원하는 식물 캐릭터를 하나씩 정하고 자신을 소개하는 방식으로 콘텐츠를 구성하고자 한다. 먼저 제목을 적절하게 바꾸고 요소 탭에서 '식물 캐릭터'를 검색하여 컷툰의 주인공을 설정한다.

[그림 8-64] 제목 수정 및 주인공 정하기

　배운 내용이 모두 포함되도록 컷툰을 제작하여 완성한다. 이 활동은 학생들의 수준과 에듀테크 도구 활용 역량에 따라 개별 또는 짝/모둠 협업 작업 등 다양한 방법으로 진행할 수 있다.

[그림 8-65] 배운 내용 정리하기 컷툰 완성품

인물이 추구하는 삶을 알아보기 위해 인터뷰한 내용을 뉴스 영상으로 제작하기 위한 스토리보드를 만들어 보자. 초등학교 6학년 1학기 국어 '8. 인물의 삶을 찾아서' 단원과 관련 있으며 성취 기준은 다음과 같다.

❶ [6국05-06] 작품에서 얻은 깨달음을 바탕으로 하여 바람직한 삶의 가치를 내면 화하는 태도를 지닌다.

❷ [6국02-03] 글을 읽고 글쓴이가 말하고자 하는 주장이나 주제를 파악한다.

❸ [6국03-06] 독자를 존중하고 배려하며 글을 쓰는 태도를 지닌다.

홈 화면 - 템플릿 - 스토리보드에서 원하는 디자인을 선택한다.

[그림 8-66] 템플릿 - 스토리보드의 각종 템플릿

해당 단원에서 교과서에 제시된 이야기의 주인공 왕가리 마타이를 인터뷰함으로써 그녀의 삶에서 가장 중요한 것은 무엇인지, 그녀가 추구하는 삶을 통해 우리가 생각해 볼 문제는 무엇인지 질문을 던지는 식으로 뉴스 내용을 기획하였다. 이런 활동은 개별 작업보다 모둠 협업으로 진행하는 것이 더 좋으며, 학생들끼리 뉴스를 통해 전달하고자 하는 것이 무엇인지 협의한 후 이를 스토리보드에 작성하면서 구체화시키는 것이 좋다.

먼저 제목을 적절하게 바꾸고 템플릿에 포함된 그림과 텍스트를 삭제한다.

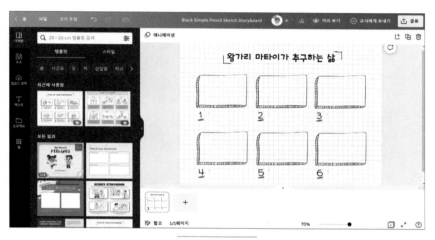

[그림 8-67] 제목 수정 및 기본 틀 제작

뉴스의 각 장면마다 들어가야 할 중요한 내용과 화면 구성으로 스토리보드를 작성한다. 이때 전체적인 영상의 흐름은 공유하되 각각의 장면 구성은 실시간으로 협업함으로써 활동 시간을 줄이고 효율을 높일 수 있다. 만약 모둠 내 인원이 충분히 많다면 스토리보드 작성과 더불어 뉴스의 오프닝과 클로징 영상을 캔바로 함께 동시에 작업하는 것도 좋다.

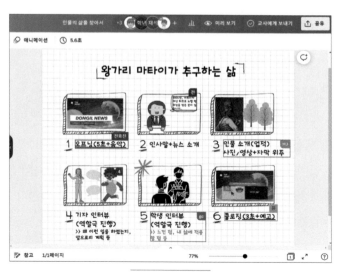

[그림 8-68] 스토리보드 협업 활동

　　교사는 학생들의 아이디어를 수시로 확인하고 내용이 잘 전달되도록 영상을 기획하였는지, 어색한 내용은 없는지 댓글로 피드백을 제공할 수 있다.

[그림 8-69] 교사의 댓글 피드백 및 학생과의 소통

　　이렇게 작업한 스토리보드는 모둠원들이 함께 영상을 제작하면서 뉴스의 의도와 목적에 일관성이 유지될 수 있도록 돕고, 필요 시 수정 및 보완 작업도 수시로 진행할 수 있다.

06. 함께 생각하기

　　단원이나 프로젝트를 시작할 때 교사가 주도적으로 이끌어가기보다 학생들과 함께 배울 내용을 직접 알아보는 것이 좋다. 이러한 과정에서 학생들은 학습의 주도권을 갖게 되고 각자의 배경지식에서 한 단계 더 나아가는 학습이 가능해진다. 이럴 때 마인드맵을 사용하는 것이 좋다.

캔바에서는 마인드맵에 적합한 다양한 템플릿을 제공하고 있으며, 학생들이 온라인 상에서 함께 협업하면서 아이디어를 실시간으로 공유할 수 있다. 먼저 홈 화면 검색창에 브레인스토밍으로 검색한 후 원하는 마인드맵 템플릿을 선택한다.

[그림 8-70] 브레인스토밍 템플릿 검색 및 선택

학생들과 함께 브레인스토밍할 수 있도록 편집 권한을 부여한다. 만약 학생들이 하나의 팀에 모두 팀원으로 가입된 경우 팀 전체에 권한을 주는 방법이 가장 간단하며, 편집 권한으로 링크를 생성하여 공유할 수도 있다. 단, 링크로 공유한 경우에도 접속하는 학생들은 캔바에 회원 가입을 한 후 로그인 한 상태에서 입장 가능하다.

[그림 8-71] 사용자 추가 기능으로 팀 전체에 편집 권한 부여   [그림 8-72] 링크의 형태로 편집 권한 부여

이번 프로젝트는 초등학교 5학년 2학기 국어와 사회 교과를 중심으로 진행되며 성취
기준은 다음과 같다.

❶ 국어: [6국03-02] 목적이나 주제에 따라 알맞은 내용과 매체를 선정하여 글을
쓴다.

❷ 사회: [6사04-04] 광복을 위하여 힘쓴 인물(이회영, 김구, 유관순, 신채호 등)의
활동을 파악하고, 나라를 되찾기 위한 노력을 소중히 여기는 태도를 기른다.

프로젝트를 어떻게 꾸려나갈지 각자 생각한 후 캔바에 접속하여 의견을 적도록 한다.
수업의 의도와 목적에 따라 교실에서 함께 먼저 이야기한 후 의견을 적도록 할 수도 있
다. 또한 댓글 기능을 활용하여 기존의 아이디어에 의견을 추가할 수도 있다.

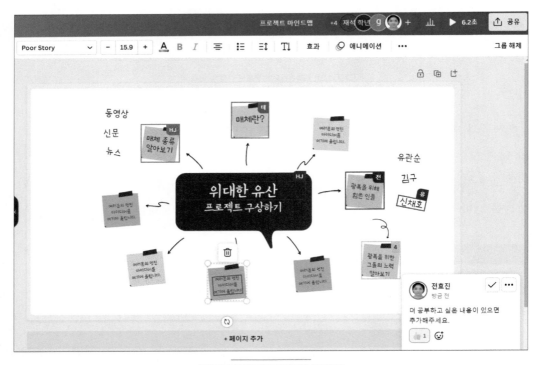

[그림 8-73] 프로젝트 마인드맵 협업하기

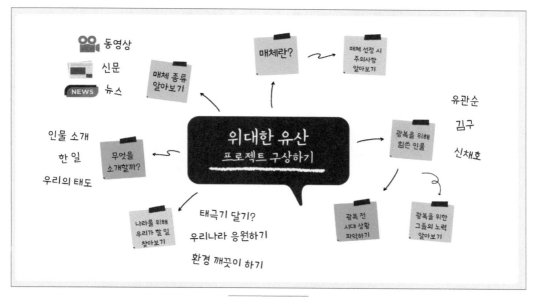

[그림 8-74] 프로젝트 마인드맵 결과물 예시

07. SNS 캠페인 하기

학교에서의 수업 활동을 확장시켜 지역 사회 캠페인으로 연계해 보자. 코로나19 상황처럼 대면 캠페인이 어려운 경우에 SNS로 캠페인 활동을 할 수 있다. 온라인 예절에 대한 수업을 한 후, SNS상에서의 올바른 언어 사용에 대한 게시물을 만들어 인스타그램에서 캠페인을 해보자.

캔바 첫 화면에서 인스타그램을 검색한 후 마음에 드는 템플릿을 선택한다.

[그림 8-75] 인스타그램 템플릿 검색 및 선택

템플릿에 있던 이미지를 삭제하고, 요소에서 공감을 검색한 후 마음에 드는 이미지를
추가한다.

[그림 8-76] 교체할 이미지 검색

다시 요소에서 SNS를 검색하여 원하는 이미지를 템플릿에 추가한다.

[그림 8-77] 요소에서 SNS 검색 후 이미지 입력

각종 SNS 로고도 검색하여 추가한다.

[그림 8-78] 요소에서 인스타그램이라고 검색 후 이미지 입력

템플릿에 있던 텍스트를 캠페인 내용으로 수정한다. 이때 글꼴과 크기, 색깔도 함께 수정한다.

[그림 8-79] 캠페인 내용 입력

SNS 캠페인을 할 때는 사람들의 관심과 공감을 불러일으키기 위해 적당한 해시태그를 적어 주는 것이 좋다. 학생들에게 자신의 캠페인 홍보물에 대한 해시태그를 생각하여 게시물 오른쪽 상단 댓글 달기로 기록하게 한다.

[그림 8-80] 댓글 달기 메뉴

해시태그 작성 후 보라색의 댓글을 클릭하면 내용이 저장된다.

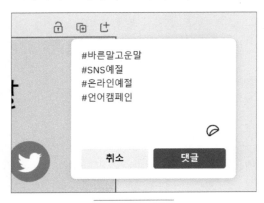

[그림 8-81] 댓글에 해시태그 작성

[그림 8-82] 댓글 달기 결과

캠페인 이미지를 다운로드한 후 자신의 인스타그램 계정에 캠페인 이미지와 함께 해시태그를 써서 게시물을 업로드하도록 한다. 학생들은 친구들의 캠페인 게시물에 '좋아요' 또는 '댓글 달기' 등을 통해 서로 소통하도록 한다. 또한 시간이 지나면서 캠페인 게시물에 대한 다른 사람들의 반응도 확인하여 이를 공유하는 시간을 갖도록 한다.

[그림 8-83] 인스타그램에 업로드된 캠페인 게시물

08. AI로 수업하기

캔바의 Magic Media는 입력문에 따라 이미지를 생성해 주는 AI 도구이다. 어떤 입력문을 넣느냐에 따라서 여러 교과에 활용 가능하다. 또한 이 기능은 교육용 캔바에서 학생들도 직접 사용할 수 있기 때문에 수업에 바로 적용할 수 있다. 만약 학생들이 suicide처럼 캔바에서 정한 금기어를 입력하면 다음과 같은 경고가 나온다. 그러나 아직 한국어 사용은 제한적인데다 캔바 자체의 금기어 검열 시스템도 완전하지 않기 때문에 수업에 사용할 때는 주의와 지도가 필요하다.

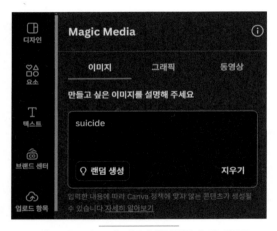

[그림 8-84] Magic Media에 금기어를 넣었을 때 뜨는 경고문

Magic Media는 영어에 최적화되어 있어서 문법, 주요 표현, 단어 학습 등 영어 교과에 다양하게 적용할 수 있다. AI가 그린 그림에 제목 맞추기 게임 수업 활동을 해보자. 중학교 2학년 학생들과 주격 관계대명사 수업을 하고 난 후, 배운 문법을 사용하여 3개의 문장을 작문하게 한다. 이때 AI는 독특한 내용도 그림으로 표현할 수 있으므로 창의적이고 재미있는 내용을 쓰도록 한다. 교사는 1차로 학생들이 작문한 것을 검사하고 피드백을 제공한다. 문장 교정이 완료되면 캔바에서 빈 프레젠테이션을 열고, 앱 메뉴에서 Magic Media를 찾아 시작하도록 한다.

[그림 8-85] 빈 프레젠테이션에서 Magic Media 열기

저자는 영어로 There is a panda which does ballet on the bamboo.(대나무 위에서 발레를 하는 판다 한 마리가 있다.)라는 재미있는 입력문을 넣었다. 스타일은 수채화, 가로세로 비율은 정사각형으로 하고 이미지 생성 버튼을 클릭한다.

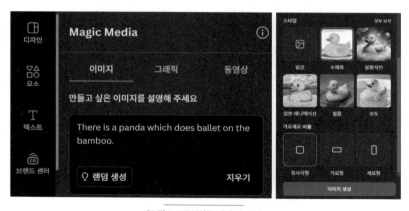

[그림 8-86] 입력문 및 추가 설정

생성된 4개의 이미지 중 명령문을 가장 잘 전달하는 이미지를 선택한다.

[그림 8-87] 생성된 이미지 중 하나 선택

이미지를 오른쪽으로 이동시키고 왼쪽에 영어 문장 중 힌트가 되는 단어 두 개와 총 단어 수를 제시한다. 두 번째 슬라이드를 추가하여 답이 될 수 있는 완벽한 문장을 작성한다.

[그림 8-88] 힌트만 적은 첫 번째 슬라이드

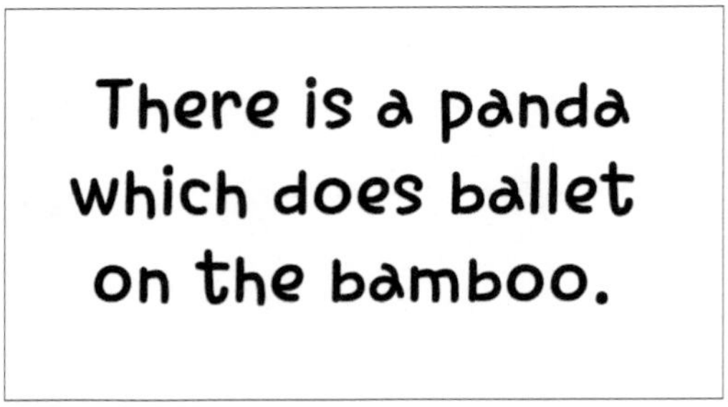

There is a panda
which does ballet
on the bamboo.

[그림 8-89] 정답을 적은 두 번째 슬라이드

모둠으로 앉은 학생들은 한 명씩 돌아가면서 이미지와 힌트가 있는 첫 번째 슬라이드를 보여 준다. 나머지 모둠원들은 제시된 힌트와 생성된 이미지를 보고 주격 관계대명사를 포함한 완벽한 한 문장으로 작문하도록 한다. 문제를 제시한 학생은 모둠원들의 문장들을 읽고 가장 비슷한 내용을 적은 경우를 정답으로 인정한다.

09. 프로젝트(PBL) 수업하기

　최근 융합 교육이 대두되면서 각급 학교에서도 단일 교과를 개별적으로 가르치는 것이 아니라 학생들의 삶과 관련된 프로젝트 학습(Project-Based Learning)을 실시하는 경우가 많다. 실제로 학생들에게 당면한 실제적인 문제를 해결하는 과정이라는 의미에서 문제 해결 학습(Problem-Based Learning)이라고도 한다.

　저자는 초등 영어 교과 전담 수업으로 UN에서 결의한 지속 가능 발전 목표 중 13. 기후 행동(Climate Action)과 관련된 S.A.F.E.(Students Acting For the Earth) 환경 프로젝트를 진행한 적이 있다. '지구를 위한 우리들의 행동'이라는 뜻을 가진 이 프로젝트에서 캔바뿐만 아니라 다양한 에듀테크 도구를 활용하여 학생들이 스스로 캠페인을 기획하고 주도적으로 참여할 수 있도록 지원하였다.

[그림 8-90] S.A.F.E. 프로젝트

S.A.F.E. 프로젝트는 모둠끼리 환경과 관련된 우리들의 행동에 대한 빈도수를 조사한 후, 원하는 매체를 정하여 충고와 조언하는 표현으로 캠페인 자료를 만들고 이를 홍보하는 과정으로 진행되었다. 캔바는 동영상과 카드뉴스, 인포그래픽 등 다양한 매체의 템플릿을 모두 사용할 수 있으므로 학생들이 캠페인 자료를 제작하는 데 최적화된 도구이다.

[그림 8-91] 캔바를 활용하여 캠페인 자료를 제작하는 학생들

[그림 8-92] 댓글을 활용한 피드백 제공

학생들이 캔바로 직접 만든 캠페인 자료
의 예시는 다음과 같다.

[그림 8-93] 캠페인 동영상

[그림 8-94] 캠페인 카드뉴스

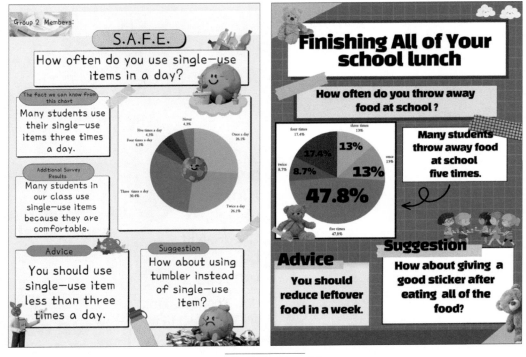

[그림 8-95] 캠페인 인포그래픽

이렇게 진행된 캠페인의 전 과정과 결과는 패들렛을 통해 학부모님들과 공유하였고, 메타버스에서 호주 친구들과 만나 소개하는 시간을 갖기도 하였다.

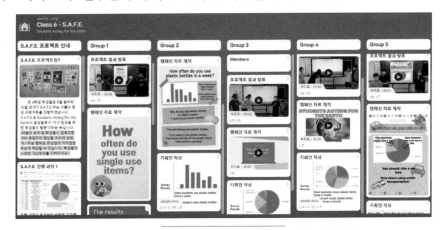

[그림 8-96] 패들렛으로 학부모님들과 공유한 S.A.F.E. 프로젝트 과정과 결과

[그림 8-97] 메타버스 Spot으로 호주 친구들과 공유한 S.A.F.E. 프로젝트

프로젝트의 전 과정 및 수업 진행 상황, 캔바를 활용한 캠페인 자료 제작 방법 등은 아래 QR 코드를 통해 상세히 확인할 수 있다.

[그림 8-98] 캔바와 함께 한 S.A.F.E.
환경 프로젝트 전체 과정

[그림 8-99] 캔바를 활용한
캠페인 자료 제작 과정

■ 참고문헌

canva.com

개정판

구글 이노베이터가 쉽게 알려주는
캔바로 크리에이터 및 N잡러 되기

| 2023년 12월 20일 | 1판 | 4쇄 | 발 행 |
| 2024년 11월 25일 | 2판 | 1쇄 | 발 행 |

지 은 이 : 김현주 · 전효진 공저

펴 낸 이 : 박　　　정　　　태

펴 낸 곳 : **주식회사 광문각출판미디어**

10881
파주시 파주출판문화도시 광인사길 161
광문각 B/D 3층
등　　록 : 2022. 9. 2 제2022 - 000102호
전 화(代): 031-955-8787
팩　　스 : 031-955-3730
E - mail : kwangmk7@hanmail.net
홈페이지 : www.kwangmoonkag.co.kr

ISBN : 979-11-93205-42-6　　13000

값 : 20,000원